AF219945

Freiheit und Zensur

[kinozeit eins]

kinozeit
ist eine Reihe mit Texten zur Filmgeschichte. Präsentiert werden Klassiker, aber auch Raritäten, die heute selten gezeigt werden.

kinozeit eins
ist ausgewählten Filmen der DEFA gewidmet und stellt die Frage nach Freiheit und Zensur im Filmschaffen der DDR.

Über die Autorin
Karin Hartewig, Dr. phil. (Jg. 1959), ist freiberufliche Historikerin und Autorin von Sachbüchern, Essays, Belletristik und Lyrik.

Karin Hartewig

Freiheit und Zensur

Notizen zu Filmen der DEFA

Bibliografische Informationen der Deutschen Nationalbibliothek: Die Deutsche Nationalbibliothek verzeichnet diese Publikation in der Deutschen Nationalbibliografie; detaillierte Bibliografische Daten sind im Internet über http://dnb.dnb.de abrufbar.

Herstellung und Verlag: BoD – Books on Demand, Norderstedt

ISBN: 978-3-7528-8916-1

www.bod.de

Inhalt

Die DEFA. Eine Vorbemerkung

Bereits am 17. Mai 1945 wurde die „Deutsche Film-Aktiengesellschaft", auch „Deutsche Film AG" oder später einfach DEFA genannt, ins Leben gerufen. Von der SMAD erhielt sie die Lizenz für die Produktion von Spiel- und Dokumentarfilmen, Wochenschauen und populärwissenschaftlichen Filmen. Anfangs war sie eine sowjetische Aktiengesellschaft, bis sie 1953 als VEB in deutschen Besitz überging. In den ersten beiden Jahrzehnten entwickelte sich die DEFA zu einem weitverzweigten Unternehmen. Von ihrer Gründung bis zu ihrem Ende 1992 produzierte sie etwa 750 Filme.

Nach der Wende, im Juli 1990, geriet sie unter die Verwaltung der Treuhand. Im Laufe des Jahres 1992 wurden die einzelnen Betriebe veräußert. Das Filmarchiv der DEFA wurde in eine Stiftung überführt.

DEFA das klang, durchaus beabsichtigt, ein bisschen wie die alte „Ufa", die noch Anfang 1945 Filme produzierte. Die „Universum Film AG", war als nationaler Konzern 1917 gegründet worden, hatte sich bald eine überragende Position gesichert und repräsentierte bis 1945 die glanzvolle Ära der deutschen Filmindustrie.

Das ostdeutsche Gewächs wurde zwar ebenfalls zum Monopolisten, aber die Neugründung war alles andere als ein kapitalistischer Betrieb. Vielmehr handelte es sich um einen Staatskonzern für die Filmproduktion aller Genres - vom Spielfilm, über den Dokumentarfilm und die Wochenschauen bis zum Animationsfilm.

Wie die Ufa und die großen Studios in Hollywood organisierte sich die DEFA in Potsdam-Babelsberg, der ehemaligen Ufa-Stadt, nach der traditionellen Studiostruktur. Sie beschäftigte Mitarbeiter aus nahezu allen Bereichen der Filmindustrie: Autoren, Regisseure, Szenografen, Kameraleute, Techniker und ein Schauspieler-Ensemble. Die große Zahl von Spezialisten als ständige Mitarbeiter bürgte für einen hohen handwerklichen Qualitätsstandard. Doch um die künstlerische Freiheit und den Mut zum Risiko war es deutlich schlechter bestellt. Ideen, Skripts und Drehbücher durchliefen mitunter langwierige Überprüfungen in der Studiohierarchie und bei den Zensoren in Partei und Staat. Auch der Zugang zum Beruf des Regisseurs war formalisiert und an den Abschluss der Filmhochschule in Babelsberg geknüpft. Vor der Ausbildung des Nachwuchses von morgen, ging es aber zunächst vor allem um die Überprüfung derer, die vor 1945 in der Filmindustrie tätig gewesen waren. Regisseure und Autoren, deren Namen durch Propagandafilme im Nationalsozialismus belastet waren, sollten tunlichst nicht eingestellt werden - jedenfalls nicht so bald, während alle, die "nur" Techniker gewesen waren, mit ihrer Weiterbeschäftigung rechnen konnten.

Anfangs unter sowjetischer Zensur, wurde die DEFA 1952 dem Staatlichen Komitee für Filmwesen unterstellt, das detailreiche Anweisungen gab, die aus der Parteibürokratie kamen. Nach dem 1. Juni 1953 übernahm das Ministerium für Kultur die Aufsicht und bescherte der DEFA kurzfristig etwas mehr Liberalität. Seit August 1962 war innerhalb des Kultur-Ministeriums die Hauptverwaltung (HV) Film für die Förderung, Abnahme und Genehmigung von Filmen zuständig. Die graue Eminenz, also der Filmminister im Hintergrund war immer der stellvertretende Kulturminister. Die HV Film blieb bis zur Wende 1989/90 die maßgebliche Institution, die über das Schicksal ganzer Produktionsjahrgänge entschied. Beratend zur Seite stand der obersten Zensurbehörde ein Komitee für Filmkunst, in dem nicht nur Kulturfunktionäre, sondern auch Studiodirektoren, Regisseure und Autoren saßen.

In ihren frühen Jahren leistete die DEFA einen wichtigen Beitrag zur Vergegenwärtigung der NS-Diktatur. Zu nennen sind Titel wie „Die Mörder sind unter uns" oder „Ehe im Schatten" von Kurt Mätzig. Aber Anfang der 1950er Jahre ging die Qualität der Filme auf Agitationsniveau zurück, so in dem zweiteiligen roten Schinken „Ernst Thälmann – Sohn seiner Klasse" und „Führer seiner

Klasse". Nach den Vorstellungen der Herren im Politbüro und im ZK der SED hatte der sozialistische Film vor allem eins zu sein: optimistisch und zukunftsfroh und auf die positiven Erscheinungen des sozialistischen Aufbaus hin ausgerichtet!

Doch nach 1955 wuchs eine neue Generation von Regisseuren nach, die in der Zeit größerer Freiräume auch neue Themen, die einen stärkeren Bezug zum DDR-Alltag hatten, filmisch umsetzen wollten und bei den Kulturfunktionären heftig unter Druck gerieten.

Aus dieser Phase des Übergangs vor und nach 1960, in der gleichzeitig Altes und Neues entstand, stammt „Berlin, Ecke Schönhauser", „Nackt unter Wölfen" und „Der geteilte Himmel". Eine tiefe Zäsur in Kunst, Literatur und Film setzte wenig später, im Dezember 1965, bekanntlich das 11. ZK-Plenum der SED, das von den betroffenen Künstlern bald „Kahlschlag-Plenum" genannt wurde. Auf Geheiß der SED-Führung wurden zahlreiche Spielfilme verboten, darunter „Das Kaninchen bin ich", „Spur der Steine" und „Denk bloß nicht, ich heule". Um die Macht der Bilder wissend, sprach Politbüromitglied Hermann Axen gar von einer „Vergiftung des Volkes" durch solche Filme.

In den 1970er Jahre bediente sich die SED subtilerer Methoden, um Filme kritischer Autoren zu entschärfen oder zu gänzlich zu verhindern. Die Zensoren „diskutierten" mit den Autoren und Regisseuren und schoben Projekte auf die lange Bank – ein für die Betroffenen in der Regel zermürbender, frustrierender Prozess. (siehe unten, S. 59ff.) Doch selbst unter diesen Bedingungen entstanden von Fall zu Fall sehenswerte Filme!

Für diesen Band wurden DEFA-Spielfilme der 1940er, 1950er, 1960er und 1970er Jahre ausgewählt, die filmhistorisch und kulturpolitisch bedeutsam waren. Manche avancierten zu Visitenkarten der sozialistischen Filmindustrie, manche wurden zeitweise zur Aufführung gesperrt. Andere wurden unmittelbar nach der Fertigstellung verboten und konnten erst nach der Wende aufgeführt werden. Die Auswahl fiel nicht leicht, und vielleicht vermissen Sie Ihren persönlichen Favoriten.

Die Filme wurden von der Autorin in der Bildungsstätte am Grenzlandmuseum Eichsfeld in Teistungen präsentiert. Ihre filmhistorischen Einführungen sind in diesem Band versammelt.

Um die Fallhöhe des Genres „Spielfilm" zu demonstrieren, steht am Anfang jedoch die Analyse des offiziellen Geburtstagsfilms zum 20. Jahrestag der DDR – ein exponiertes Beispiel des künstlerischen, poetisch-pathetischen Dokumentarfilms, jene charakteristische Form der „Filmdichtung", welche in der DDR allzeit ideologische Unantastbarkeit demonstrierte.

Literatur:

Hans-Michael Bock: Die DEFA-Story, in: Geoffrey Nowell-Smith (Hg.): Geschichte des internationalen Films, Stuttgart 1998, S. 582-591.

Frank-Burghard Habel: Das große Lexikon der DEFA-Spielfilme. Die vollständige Dokumentation aller Spielfilme von 1946 bis 1993, Berlin 2017.

https://www.filmportal.de

1949 | 1969

Anno Populi – Im Jahr des Volkes 1949 (1969)

Regie: Karl Gass, Zitate: Bertold Brecht, Kamera: Georg Kilian, Musik: Luis Fürnberg, Hanns Eisler, Paul Dessau, Musikbearbeitung: Günter Meyer und Manfred Rosenberg. (40 min.)

Wir schreiben das Jahr 1969. Wir befinden uns im zwanzigsten Jahr der DDR, in der letzten Phase der Ära Ulbricht. Die Mauer steht seit acht Jahren. Man hat sich eingerichtet in diesem Land, missmutig, mehr schlecht als recht, in Teilen auch loyal oder sogar optimistisch. Im Rückblick werden manche Zeitgenossen die sechziger Jahre als die „goldenen Jahre" der DDR bezeichnen.

In seiner Selbstdarstellung strotzt der zweite deutsche Staat vor Selbstbewusstsein. Und er trieft vor kulturellem Pathos. Das fällt auch zahlreichen Beobachtern im Westen auf: Man konstatiert im Osten ein neues DDR-Gefühl. Andererseits ist die DDR noch immer getrieben von Inferioritätskomplexen. Ihre diplomatische Anerkennung im Westen steht noch aus. Sie wird erst in den siebziger Jahren erfolgen. Außerhalb des Ostblocks unterhalten bis dahin nur der Jemen, Ceylon, Ägypten, Kambodscha, der Irak und der Sudan diplomatische Beziehungen zum zweiten deutschen Staat.

Die DDR hat Geburtstag

Zum 20. Jahrestag feiert die DDR sich selbst, indem sie an die Leistungsbereitschaft der Menschen appelliert. „Fröhlich sein und Singen" reichen längst nicht mehr aus. Allerorten ist die Rationalisierungs- und Technikeuphorie spürbar. Aber auch neue Töne sind zu vernehmen mit der ersten wehrpolitischen Kampagne zur „Erhöhung der Verteidigungsbereitschaft der Jugend". Sie wird geführt unter dem Motto „Signal DDR 20". Festreden beschwören den Geist des Neubeginns und das bereits Erreichte: „sich am eigenen Schopf aus dem Sumpf gezogen haben", „in unverbrüchlicher Freundschaft mit der Sowjetunion leben", so lauten die Botschaften. In pompösen Umzügen trägt die Jugend der DDR noch immer die Ikonen der Überväter auf ihren Schultern (Marx, Engels, Lenin). Die Jüngsten halten kleine Schilder mit der römischen Zahl XX in die Höhe. Die besten Kollektive in Industrie und Landwirtschaft empfangen aus der Hand von Walter Ulbricht und Willi Stoph Ehrenbanner und Prämien „für hervorragende Leistungen im sozialistischen Wettbewerb". Sogar Produkte werden in den Dienst der Republik gestellt: Auf Festwagen werden Arrangements von Agrarprodukten durch die Straßen geführt – wie bei einem profanen Erntedankfest. Gereichte 1959 die synthetische Textilfaser „Dederon" in der Spielart eines rotlackierten Feudalismus der Republik zu Ruhm und Ehre, so erblickte pünktlich zum 20. Jahrestag die Kunstfaser „Präsent 20" das

Licht des Labors – und das alles dank ostdeutschen Erfindergeistes der technischen Intelligenz. Die Zwanzigjährigen – „so jung wie unsere Republik" - fungieren als Werbeträger für die sozialistische Gesellschaft, die sich vorsichtig inzwischen auch als Konsumgesellschaft präsentiert: „Deckt alle mit den Tisch der Republik" und „Mit dem Fortschritt Hand in Hand" lauten die Slogans, die ein reiches Warenangebot suggerieren. Die Zwanzigjährigen stehen aber auch für die gesamte DDR: Diese Generation - dynamisch, fröhlich, sachlich, selbstbewusst -, repräsentiert die Zukunft des jungen Staates, den die Vertreter der Gründer- und Aufbaugeneration gestalten. Der Osten ist offenbar im Reinen mit sich selbst. Ganz anders als im Westen. Dort befinden sich die politischen Generationen im Clinch.

Im Vergleich zur großen Schwester, Bundessrepublik, sonnt sich die DDR in Selbstzufriedenheit: sie hat alles richtig gemacht! Während den unverbesserlichen Altnazis im Westen von den jungen

Rebellen die politische Rechnung präsentiert wird, herrscht im Osten das große Einverständnis. Hier gibt es keinen Generationenkonflikt weit und breit. Denn die DDR präsentiert sich als Heimat aller Antifaschisten – oder doch zumindest als Heimat aller Gutwilligen.

Ein ganzes Set von Auftragsproduktionen erscheint im Umfeld des 20. Geburtstags der Republik.

Da sind die verschiedenen Bildbände über Berlin – Hauptstadt der DDR, mit Aufnahmen des Chef-Fotografen der NBI, Gerhard Kiesling. Produziert für ein touristisches Publikum - die Bildlegenden sind in Deutsch, Russisch, Spanisch, Englisch, Französisch verfasst - variieren sie die große Erzählung „Neues erstand aus den Ruinen" Selbstverständlich waren es stets amerikanische Bomber, die das Zentrum Berlins im Zweiten Weltkrieg vernichtet hatten, bevor der Aufbau beginnen konnte! Es ist ein bisschen wie mit dem göttlichen Plan in der Bibel. So wie der Verrat eines der Jünger Jesu dramaturgisch notwendig zum Fortgang der Heilsgeschichte gehört, so verhält es sich auch mit den amerikanischen Destruktivkräften, die in der großen Meistererzählung der DDR erst die Voraussetzung für „das Neue" sind.

Da sind die Sonderbriefmarken, die seit Ende September 1969 zum zwanzigsten Jahrestag herausgebracht wurden. Sie zeigen markante Neubauten aus DDR-Städten: das Haus der Schifffahrt und das Hotel Warnow in Rostock, das Interhotel in Potsdam, diverse Wohngebäude in Eisenhüttenstadt, Magdeburg und Halle-Neustadt und das neue Warenhaus in Hoyerswerda. Den Abschluss der Sondermarken-Reihe bildet der stilisierte Festzug – streng nach Proporz marschieren hier freudig die Arbeiter, die Intelligenz, die Frauen, die FDJ und die Jungen Pioniere unter der Fahne der DDR und unter der roten Fahne.

Da sind die Jubiläumsausgaben der Illustrierten und Magazine (NBI, Die Wochenpost, Das Magazin) mit ihren Erkundungen ins eigene Land und ihren Fotowettbewerben: Die NBI rief ihre Leser dazu auf, eigene Fotografien einzusenden zum großen Thema: „Das sind wir!" Und da sind die Selbstbeglückwünschungen, von denen die im MAGAZIN von der Chefredakteurin Hilde Eisler das parteiseits den Medien verordnete Lebensgefühl ausgesprochen locker vermittelt.

Da ist die große Ausstellung „Vom Glück des Menschen" (Bildredaktion: Rita Maahs, Texte: Karl Eduard von Schnitzler), die den Anspruch erhebt, eine bislang nie da gewesene Weltausstellung zu sein, und die doch nur eine Imitation der amerikanischen Ausstellung „Family of Man" ist, die Edward Steichen 1955 fürs MOMA in New York kuratierte, und die danach um die Welt reiste. In der DDR war man nicht so sehr beeindruckt von der Idee, es könnte so etwas wie eine Weltsprache der Fotografie – ein Esperanto der Bilder – geben, als von der Möglichkeit, Fotografien einen sozialistischen Sinn unterzuschieben – durch die Texte Eduard von Schnitzlers.

Und da ist schließlich der Jubiläumsfilm „Anno Populi – Im Jahr des Volkes 1949".

Der Repräsentationsfilm

Mit der Realisierung eines Films, der nicht nur in die eigene Gesellschaft hineinwirken sollte, sondern mindestens ebenso sehr als Werbung beim Klassenfeind gedacht war, wurde Karl Gass betraut. Gass galt damals als ausgewiesener Profi des parteilichen Dokumentarfilms, für den der Film stets „Waffe" im Klassenkampf war. Er hatte bereits den offiziellen Rechtfertigungsfilm zum Mauerbau, „Schaut auf diese Stadt" (1962) gedreht. Dessen Titel übernahm den weltbekannten Appell Ernst Reuters an die freie Welt, mit dem Reuter 1948 gegen die sowjetische Blockade Westberlins protestierte. Und er hatte 1967 mit „Merhab" den ersten Staatsbesuch Walter Ulbrichts in Ägypten als Dokumentarfilm gestaltet.

Karl Gass, Jahrgang 1917, arbeitete nach seiner Entlassung aus britischer Kriegsgefangenschaft zunächst als Wirtschaftsredakteur beim NWDR in Köln, wo auch Eduard von Schnitzler tätig war. 1948 siedelte er nach Berlin über und war zunächst beim Berliner Rundfunk und seit 1951 im DEFA-Studio für Wochenschau und Dokumentarfilme tätig, anfangs auch als Kommentator des „Augenzeugen". 1954-1960 leitete er dort die Abteilung für populärwissenschaftliche Filme. Danach war er erneut als Dokumentarfilmregisseur tätig. Ab 1961 leitete er die ‚Künstlerische Arbeitsgruppe (KAG) Gass', die spätere ‚Gruppe Effekt'.

Wie Annemarie Noelle in einem biographischen Porträt über Karl Gass in dem Band „Filmdokumentaristen der DDR, Berlin 1969" zutreffend betonte, wählte Gass weder die systematische Beweisführung (Annelie und Andrew Thorndike z.B. „Der Weg nach oben" [1950] oder „Du und mancher Kamerad"), die so unglaublich hölzern daherkommt, noch die karikaturenhafte Überzeichnung des Duos Walter Heynowski und Gerhard Scheuermann, die so demagogisch wirkt. Gass kommt von den Bildern her: er arbeitet häufig mit visuellen Konfrontationen, mit einer Chronik der schnellen Bildfolgen und mit optischen Verdichtungen.

Der Mitbegründer des Leipziger Dokumentarfilmfestivals, der das Privileg hatte, reisen zu dürfen, hatte in den frühen sechziger Jahren in Frankreich das „cinéma vérité" kennengelernt, ein Dokumentarfilmgenre, das ohne festes Drehbuch auskam und das wesentlich von der Interaktion zwischen dem Regisseur hinter der Kamera und den Protagonisten vor der Kamera lebte. Er setzte dieses Konzept in den Reportagefilmen „Feierabend" (1964) und „Asse" (1966) über das Erdölkombinat Schwedt um - Filme, die in Großbritannien Aufsehen erregten und hochgelobt wurden. Hinter den Kulissen der SED-Kulturbürokratie jedoch zog sich der Regisseur den Unmut der Funktionäre zu, denen die Abwesenheit eines Drehbuchs, das man vorab zensieren konnte und die ungeschminkten Reden von Arbeitern zusehends missfielen.

Andererseits hatte er zuvor für seine Filme im Dienste des Sozialismus zahlreiche Auszeichnungen erhalten. „Allons enfants ... pour l'Algérie" wurde 1961 auf dem Dokumentarfilmfestival mit einem Hauptpreis ausgezeichnet. Und „Schaut auf diese Stadt" (1962) war die schnell produzierte, offizielle filmische Antwort der DDR zum Berliner Mauerbau.

In dieser Situation „durfte" Gass den offiziellen Film zum 20. Jahrestag der DDR drehen – eine Ehre, eine neuerliche Bewährung und eine Herausforderung für den altgedienten Ideologen, das altbekannte Terrain zu verlassen durch Hinwendung zur Historie und zum Gründungsmythos der DDR.

Gass steht mit diesem Film in einer großen Tradition filmischer Auftragsproduktionen zu historischen Schlüsselereignissen: Zum zehnten Jahrestag der Oktoberrevolution hatte Sergej Eisenstein 1927 den Film „Oktober" geschaffen. Darin zeichnete er die revolutionären Ereignisse des Jahrs 1917 in Russland nach vom Sturz der Zarenherrschaft bis zum Sturm auf das Winterpalais. Eisenstein begeisterte damals durch die suggestive Ausdruckskraft seiner Bildmontagen, durch die Massenszenen an Originalschauplätzen und durch authentische Requisiten und die Mitwirkung von Revolutionären von damals.

Bei Filmen dieser Sorte geht es selbstverständlich immer um die Frage, wie das Revolutionäre, das Unerhörte, das Neue, der Bruch mit dem Alten visualisiert werden kann.

Narration und Struktur

Karl Gass wählt besondere Mittel, um den Neubeginn ins Bild zu setzen. Er hatte ja bekanntermaßen auch ein Sonderproblem: die Tatsache nämlich, dass Deutschland geteilt war. Gass vertraut auf eine Mischung aus Theater, Klangkunst und politischer Lyrik, auf die Montage historischen Bildmaterials und auf eine Bildästhetik, die ihre Impulse unverkennbar aus der Neuen Sachlichkeit der Zwanziger Jahre bezieht. Unterlegt ist der Film mit einem Kommentar, der jedes leidenschaftliche Pathos und jede laute Festtagsrhetorik vermeidet und dessen emotionaler Aggregatszustand ebenfalls eher „kalt" als „heiß" zu nennen ist. Die künstlerischen Mittel dieses Films stehen damit ganz in der Tradition dessen, was Helmuth Lethen für die Zwanziger Jahre als „Verhaltenslehren der Kälte" bezeichnet hat.

Dennoch ist dies ein pathetischer Film! Das Pathos kommt durch die Hintertür. Gass fährt künstlerisch alles auf, was die DDR zu bieten hatte und seit ihrer Gründung als Kulturexport verkaufte: Brechts episches Theater, Helene Weigel als Mutter Courage, die Musik Hanns Eislers und Paul Dessaus, die Staats-Dichter Johannes R. Becher, Kurt Barthel (KuBa) und Louis Fürnberg und selbstverständlich ein Zitat von Goethe, den man in West und Ost ganz schnell eingemeindet hatte. Wirkungsvoll setzt Gass das kulturelle Kapital des „anderen" Deutschland in Szene und sinuiert damit schon, es sei das moralisch Bessere.

Überraschend genug beginnt der Film mit Ausschnitten aus Brechts „Mutter Courage und ihre Kinder". Das Drama, das 1938/39 im schwedischen Exil entstanden und 1941 in Zürich uraufgeführt worden war, erlebte am 11. Januar 1949 in Ostberlin seine aufsehenerregende Premiere. Das neue Theater brach gründlich mit den alten Sehgewohnheiten. Der Wagen der Courage rollte über die fast leere Bühne. Das Stück traf das Zeitgefühl der Leute, die gelernt hatten, dass ihnen der Krieg außer Leid, Elend und immensen Verwüstungen nichts gebracht hatte. Die zerlumpten Kleider auf der Bühne entsprachen den zerlumpten Kleidern der Zuschauer. Brecht wollte aber darüber hinaus Abscheu vor der kapitalistischen Gesellschaft schüren, die den Krieg erst hervorgebracht habe.

Im Laufe des Films werden in der Reihenfolge ihres Erscheinens folgende Gedichte rezitiert:

Kurt Barthel: „Sagen wird man über unsere Tage"

Johannes R. Becher: „Wir, unsere Zeit, das 20. Jahrhundert"

Louis Fürnberg: „Jetzt geh ich in die Schule und lern das ABC" (Marxismus als Lehrmeister)

Louis Fürnberg: „Rebell" (Zitat: Es kommt der Tag, Genosse Spartakus, sogar in Preußen")

Karl Barthel: „Die Zeit trägt einen roten Stern im Haar"

Johannes R. Becher: Wir, unsere Zeit, das 20. Jahrhundert"

Johann W. von Goethe: „Zum Neuen Jahr" (Zitat: „Sehet das Neue findet uns neu")

Der Einsatz musikalischer Genres, zum Teil verfremdet, ist vielfältig. Es finden sich:

Songs aus Mutter Courage und ihre Kinder

Kompositionen von Eisler, Dessau

Preuß. Marsch

Verfremdete Barockmusik

Klangkollage

Eisler, Dessau

Vorwärts und nicht vergessen!

Hallo, kleines Fräulein (ein Schlager zur Auflockerung)

Hymne der DDR

Die Internationale

Gass vermeidet allzu schrille Töne, ebenso wie jede Form einer dröhnend bellende Propaganda. Er setzt musikalisch und visuell auf eine gemäßigte Moderne und auf Sprecher, die sich eher zurücknehmen als dominieren wollen. Allein die unglückliche Vorgeschichte vom Kaiserreich bis zum Zweiten Weltkrieg zieht als parteiliche Chronik mit preußischem Marsch und klingendem Spiel vorbei. Allerlei absurde Statistik soll die Objektivität der Aussagen unterstreichen. Dieselbe Marschmusik erklingt übrigens später, als es um die Bundesrepublik geht, wieder. Es geht nicht um differenzierte Geschichtsbilder. Eigentümlich vage bleibt der Film bei der Gründung der Bundesrepublik. Die kommt streng genommen gar nicht vor. Achten Sie mal darauf! Es ist von der Einführung der D-Mark und von der ersten Sitzung des Bundestages und von der Einbindung der Bundesrepublik in Europa und die Nato die Rede. Vielleicht fehlten Gass einfach Originalaufnahmen zum Ereignis. Umgekehrt stützen die Aufnahmen zur Gründung der DDR die mythische Verklärung des

Gründungsaktes. Zur zierlichen Musik auf dem Spinett werden die Glückwunschtelegramme vieler DDR-Künstler und Fellow-Traveller aus der Emigration aufgeblättert. Die Vereidigung Wilhelm Piecks zum Präsidenten und sein Schwur wollen den Eindruck des Alleinvertretungsanspruchs der DDR für alle Deutschen erwecken. Auf die Staatsräson der jungen DDR folgt die Hymne, von den Massen angestimmt auf dem offiziellen nächtlichen Fackelzug.

Resümee

„Anno Populi – Im Jahr des Volkes 1949" ist kein plakativer Film, obwohl es sich auch hier um einen Thesenfilm handelt, der eine verfehlte historische Entwicklung - „die deutsche Geschichte" - auf eine historisch einmalige Chance des Neuanfangs hin zuspitzt. Im Ensemble der Auftragsarbeiten zum 20. Jahrestag wirkt der Film jedoch merkwürdigerweise eher zurückhaltend und in einzelnen

Passagen sogar unfertig wie ein Projekt, das in der Entstehung begriffen ist.

In der Wahl seiner filmischen Mittel und in seiner Ästhetik verwandelt er sich den zwanziger Jahren an. Und der Film wirkt selbst wie eine historische Trouvaille. Erst das Finale der letzten Minuten, das eingeleitet wird mit farbigen Sequenzen zum 1. Mai (1969) wirft ein buntes Licht auf die Gegenwart. Schnell geschnitten folgen auf die Demonstration zum 1. Mai, Genrebilder des Fortschritts: Fallschirmspringer, Luftaufnahmen einer Industriestadt, landwirtschaftliche Maschinen in Formation, eine Neubausiedlung gegen eine Trümmerlandschaft, eine Fliegerstaffel und ein weiteres Luftbild zu den Klängen der Internationale. Und nun schließt sich der Kreis: alles, was sich 1969 erfüllt, ist bereits im Jahr der Staatsgründung angelegt!

Im Westen kommt „Anno Populi – Im Jahr des Volkes" Ende der 60er Jahre passgenau einer neuen Sichtweise auf die DDR entgegen, wie sie von zahlreichen westdeutschen Medien seit Mitte der sechziger Jahre vermittelt wird: Die Zeichen stehen bereits auf „friedliche Koexistenz". Und viele linke Zeitgenossen, die der Bundesrepublik kritisch begegnen, werden von den sozialen „Errungenschaften der DDR", aber auch von der Idee einer Einheit von „Geist und Macht" unwiderstehlich angezogen.

Ich selbst habe diesen Film als Studentin, die wenig über die DDR wusste, 1980 in einem Seminar an der Hochschule für Film und Fernsehen in München gesehen und konnte mich damals der allgemeinen Sympathie des linken Zeitgeistes für den politischen Gegenentwurf zur Bundesrepublik nicht entziehen. Der eine oder andere von Ihnen wird den Film vielleicht ebenfalls vor vielen Jahren gesehen haben. Inzwischen ist er fast völlig vergessen.

Das Wieder-Sehen des Streifens nach Jahrzehnten ist aufregend, weil nicht nur der Film selbst in einem anderen Licht erscheint, sondern auch weil man als Zuschauer konfrontiert wird mit dem, was man einst über einen Film wie diesen und über den Jubilar, die DDR, dachte. Ich wünsche Ihnen bei dieser doppelten Zeitreise erhellende Gedanken!

Ein Wort zur Kopie. Die 35 mm-Kopie des Progress Film-Verleihs wurde freundlicherweise auf DVD kopiert. Vor allem die Tonqualität lässt daher in manchen Passagen zu wünschen übrig. Und am Ende franst der Film ziemlich abrupt aus: Bild und Tonspur passen nicht mehr so recht zueinander. Ich bitte, diese Mängel zu entschuldigen.

Freiheit und Zensur

Unser Täglich Brot (1949)

Regie: Slatan Dudow, Musik: Hanns Eisler. (105 min.)

„Unser Täglich Brot", die zweite DEFA-Produktion nach Gründung der DDR, feierte am 9. November 1949 im Berliner Kino Babylon Premiere. Dieser Film steht noch ganz in der Tradition des proletarischen deutschen Films vor 1933. Sein Regisseur, Slatan Dudow, selbst bürgte für diese Kontinuität. Dudow hatte 1932 den bedeutendsten und vielleicht einzigen kommunistischen Proletarierfilm in Deutschland geschaffen: „Kuhle Wampe – oder wem gehört die Welt?". Sein Thema damals war die Armut in der Weltwirtschaftskrise und die Mobilisierung zum Klassenkampf. Dreimal wurde Kuhle Wampe" von der Filmzensur verboten, bis er schließlich öffentlich gezeigt werden durfte. Aber bereits im März 1933 stand der Streifen wieder auf dem Index. Dudow, der Kommunist, emigrierte nach Frankreich und dann in die Schweiz, wo er Theaterstücke schrieb und inszenierte.

1948 kehrte er nach Deutschland-Ost zurück, den Teil, den er für das andere, das bessere Deutschland hielt. „Unser täglich Brot" war sein erster Nachkriegsfilm – sozusagen ein Heimspiel. Es folgten weitere: „Frauenschicksale" (1952) und „Verwirrung der Liebe" (1959). In der Anfangszeit der DEFA zählte Dudow zu den wichtigsten Regisseuren.

„Unser täglich Brot" spielt ganz im Hier und jetzt der Nachkriegszeit mit ihren unfreiwilligen Notgemeinschaften, den Flüchtlingen und zwangsweise Einquartierten, dem Schwarzmarkt, den Trümmerfrauen, den alltäglichen Anstrengungen, das tägliche Überleben zu sichern. Ganz in der Tradition des Brecht'schen Lehrstücks führt uns der Film vor, dass gesellschaftliche und soziale Konflikte bis in die Familien reichen. Der Widerstreit um gegensätzliche Lebensentwürfe und politische Entscheidungen werden zwischen den ungleichen Brüdern Harry und Ernst buchstäblich am Küchentisch ausgetragen. Zwischen ihnen steht der alte Vater, der den moralischen Abgrund des einen wie die untadelige Selbstlosigkeit des anderen zu spät erkennt.

Doch es gibt ein zweites großes Thema in diesem Film: Und das ist – christlich gesprochen - das der Bekehrung zum Sozialismus. Zwar fliehen zwei Ingenieure der Traktorenfabrik, welche die Arbeiter wiederaufgebaut haben, in den Westen. Aber neue Menschen „guten Willens" treten an ihre Stelle. So dass unter dem Jubel der Werktätigen bald die ersten Traktoren die Fabrik verlassen können. Arbeit und Brot sind den Menschen sicher.

Die Szene jubelnder Massen im Finale des Films – ein bekanntes Stilmittel des frühen proletarischen Films in Deutschland und der Sowjetunion – blieb in zahlreichen DEFA-Filmen der frühen 1950er Jahre stilbildend. Doch bald wirkte sie in ihrer operettenhaften Inszenierung eher befremdlich und kitschig, auch in der DDR.

Frank-Burghard Habel: Das große Lexikon der DEFA-Spielfilme. Die vollständige Dokumentation aller DEFA-Spielfilme von 1946 bis 1993, Berlin 2000, S. 642–643.

https://www.zweitausendeins,de/filmlexikon/ [Lexikon des Internationalen Films]

Berlin, Ecke Schönhauser ... (1957)

Regie: Gerhard Klein, Drehbuch: Wolfgang Kohlhaase, Darsteller: Ekkehard Schall u.a. (81 min.)

„Berlin, Ecke Schönhauser ..." gehört vielleicht zu den wichtigsten Gegenwartsfilmen der 1950er Jahre und zu den 100 wichtigsten deutschen Filmen überhaupt – auch im gesamtdeutschen Maßstab.

Unter dem U-Bahn-Bogen auf der Schönhauser Allee treffen sich täglich die 16- und 17Jährigen, die der Enge der Familie entfliehen wollen. Mutproben sind an der Tagesordnung, und für eine Westmark wirft man auch mal eine Laterne ein. Der Bauarbeiter Dieter sucht auf der Straße die Freiheit, „Kohle" flüchtet vor seinem Stiefvater, der ein Trinker ist, Karl-Heinz steht am Anfang einer Karriere als Kleinkrimineller und Angela muss jedes Mal, wenn der Freund der Mutter zu Besuch kommt, die Wohnung verlassen. Karl-Heinz versucht die Dieter und „Kohle" in seine Geschäfte hineinzuziehen. Und nach einem vermeintlichen Totschlag flüchten die beiden nach West-Berlin, wo „Kohle" in einem Auffanglager für Jugendliche ums Leben kommt. Nun flüchtet Dieter in die andere Richtung aus dem Westen in den Osten. Er will sich für seine Taten verantworten und außerdem erwartet Angela ein Kind von ihm.

„Berlin, Ecke Schönhauser..." wurde in einer kurzen filmpolitischen Tauwetterperiode 1956 in nur drei Monaten gedreht – an der Zensur der HV Film vorbei, die nach der Begutachtung des Drehbuches die Produktionsgenehmigung versagt hatte. Man vermisste nachdrücklich „das Positive"! Auch die Zulassung des Films für das Publikum wurde zunächst verweigert, bis sich der Zentralrat der FDJ (Hans Modrow und Günter Stahnke) und der Chefpropagandist der DDR, Karl Eduard von

Schnitzler, für den Film einsetzten. Von Anfang an hatte der Streifen beim Publikum großen Erfolg.

Filmhistorisch und gesellschaftspolitisch betrachtet, ist „Berlin, Ecke Schönhauser ..." vieles:

Mitten im Kalten Krieg bildet der Film den Auftakt für eine ganze Reihe von „Berlin-Filmen", die in den DEFA-Studios entstanden, etwa: „Alarm im Zirkus" oder „Eine Berliner Romanze".

Als Straßenfilm außerhalb des Studios gedreht, steht er in der Tradition des späten italienischen Neorealismus, auch wenn das Ende etwas belehrend daherkommt.

Und er nimmt sich eines Themas an, das sozusagen systemübergreifend in der Luft lag: die jugendliche Protestkultur der fünfziger Jahre. Auch im Westen bevölkern die jugendlichen Rebellen die Leinwand. 1956 kommen „Die Halbstarken" von Georg Tressler mit Horst Buchholz und Karin Baal in die Kinos. Davor waren in den USA James Dean in „Rebels without a Cause" (1951) und Marlon Brando in „The Wild One (1953) längst zum

Männlichkeitsidol und Mädchenschwarm der unter 20Jährigen geworden. Sie blieben auch beim jungen Ost-Berliner Publikum vor dem Mauerbau nicht ohne Wirkung: Auf die Frage, wie ihr Traummann aussehen müsse, erwidert Angela im Film prompt „wie Marlon Brando".

Frank-Burkhard Habel: Das große Lexikon der DEFA-Spielfilme. Die vollständige Dokumentation aller DEFA-Spielfilme von 1946 bis 1993, Berlin 2000, S. 62–64.

Halbstarker Osten, in: Markus Münch, Drehort Berlin. Wo berühmte Filme entstanden, Berlin 2007, S. 60–65.

Nackt unter Wölfen (1963)

Regie: Frank Beyer, Darsteller: Erwin Geschonneck, Armin Müller-Stahl u.a. (DDR, 116 min.)

„Nackt unter Wölfen" ist d e r antifaschistische Spielfilm der frühen DDR schlechthin, der unmittelbar auch internationale Anerkennung fand. Er lehnt sich eng an seine berühmte literarische Vorlage an: 1958 hatte Bruno Apitz, selbst ein Überlebender des KZ Buchenwald, seinen autobiografischen Schlüsselroman gleichen Titels veröffentlicht. Das Buch erreichte insgesamt 58 Auflagen. Allein in den ersten Jahren wurden rund 1,2 Millionen Exemplare verkauft. Buch und Film setzen gleichsam die offizielle Staatsdoktrin vom antifaschistischen Widerstand der Kommunisten in den

Konzentrations- und Vernichtungslagern mit viel Pathos, aber nicht ohne dramaturgische Verwicklungen und nicht ohne politische und moralische Antipoden ins Bild.

Ort der Handlung ist das Konzentrationslager Buchenwald bei Weimar, das erst 1958 in den Rang der Zentralen Mahn- und Gedenkstätte der DDR erhoben worden war und das als mutmaßlicher historischer Tatort der Ermordung des kommunistischen Arbeiterführers Ernst Thälmann seitdem der DDR-Jugend zur Selbstverpflichtung für den Sozialismus diente.

Wir befinden uns in den letzten Monaten des Krieges. Mit einem der Häftlingstransporte kommt der Pole Jankowski ins Lager. Er trägt einen Koffer bei sich, den er nicht aus der Hand geben will. Den Häftlingen in der Effektenkammer offenbart sich schnell sein Geheimnis: im Koffer hat er ein Kind versteckt, einen kleinen Jungen von drei Jahren. Alle wissen: Das Kind vor der SS im Lager zu verbergen wird schwierig und riskant. Und es wird die Widerstandsaktivitäten der Kommunisten gefährden, denen es gelungen ist, alle wichtigen Posten der sogenannten Häftlingsselbstverwaltung den „Kriminellen" abzujagen und mit eigenen Leuten zu besetzen. Deshalb beschließt die internationale Untergrund-KP, der Pole müsse mit dem Kind dem nächsten Transport in ein anderes Lager (mutmaßlich in eines der Vernichtungslager) geschickt werden. Gegen jede Parteidisziplin unterläuft der Altkommunist und Lagerälteste Walter Krämer diesen Beschluss. Er findet viele Helfer. Und es gelingt ihnen tatsächlich, das Kind zu retten – und, so soll das Publikum ergänzen, sich die eigene Menschlichkeit in diesem Universum des Terrors zu bewahren. Manche Häftlinge zahlen einen hohen Preis, um das Kind zu retten, andere werden aus Angst zu Spitzeln. Und dann sind da noch die Gegenspieler der SS: vom ideologisch motivierten Vollstrecker, über den Sadisten bis zum Opportunisten sind hier alle Charaktere vertreten.

Den kleinen Jungen hat es neben weiteren Kindern im Lager tatsächlich gegeben: Stefan Jerzy Zweig, das Buchenwaldkind. Auch die kommunistische Untergrundorganisation ist authentisch. Aber Terror und Folter der SS standen in der letzten Phase vor Kriegsende nicht im Zusammenhang mit dem versteckten Kind, sondern mit zwei konspirativen Gedenkfeiern für Ernst Thälmann und einen anderen Kommunisten – ebenfalls zwei Lehrstücke mangelnder Parteidisziplin und kommunistischer Romantik. In Buch und Film wird das Totengedenken umgekehrt in die Rettung eines Lebens.

Aber der Film geht weiter. Er transportiert Mythen der DDR-Geschichtspolitik, wie sie sich seit Ende der 1950er herausbildeten:
Er betont die moralische Erhabenheit der deutschen kommunistischen Funktionshäftlinge im Lager und blendet die moralischen Dilemmata problematischer Entscheidungen aus, die unter Bedingungen getroffen werden mussten, welche den Häftlingen von der SS aufgezwungen wurden.

Fragwürdige und prekäre Positionen werden den ausländischen Kommunisten im Lager zugeschrieben.

Der Film folgt einem engen Widerstandsbegriff. Gültig ist allein der Widerstand der Kommunisten im Kollektiv. Andere politische oder konfessionelle Gruppen werden ausgeblendet, ebenso wie Formen individueller Auflehnung.

Die Dramaturgie folgt der antifaschistischen Meistererzählung von der heroischen Selbstbefreiung des Lagers Buchenwald durch die Häftlinge. Dass der größte Teil der SS-Wachmannschaften bereits vor den anrückenden Amerikanern geflohen war, wird nicht dargestellt.

Insofern kommt „Nackt unter Wölfen" in den frühen 1960er Jahren eine eminente geschichtspolitische Funktion zu, die sich über alles legt: über die filmischen Qualitäten, den filmischen Plot, die Spannungsbögen der Handlung und über die Zeichnung der Figuren. Die geschichtspolitischen Implikationen, die im Grunde bis zum Ende der

DDR galten, müssen als Kontext der Rezeption im Blick behalten werden.

Andererseits kann man den Film aber auch als unerhörte Begebenheit, als spannende Geschichte aus dem Konzentrationslager anschauen. Das funktioniert deshalb ganz gut, weil es sich trotz allem nicht um ein volkspädagogisches Lehrstück, sondern um einen echten Spielfilm handelt.

Zur literarischen Vorlage:

Bruno Apitz: Nackt unter Wölfen, Halle (Saale) 1958.

Erweiterte Neuausgabe, hg. von Susanne Hantke und Angela Drescher. Berlin 2012.

Susanne Hantke: Schreiben und Tilgen. Bruno Apitz und die Entstehung des Buchenwaldromans Nackt unter Wölfen, Göttingen 2018.

Die wichtigsten deutschen Filme. Chronologische Übersicht, in: https://www.filmportal.de

Der geteilte Himmel (1964)

Regie: Konrad Wolf, Drehbuch: Christa Wolf, Darsteller: Renate Blume, Eberhard Esche, Hans Hardt-Hardtloff, Hilmar Tate u.a. (114 min.)

Der westdeutsche Film-Dienst war über diesen Film, der im September 1965 auch in der Bundesrepublik gezeigt wurde, voll des Lobes: Er nannte ihn einen Nouvelle Vague-Film über das geteilte Deutschland – ohne in allzu viele Propagandaklischees zu verfallen. Und die „Filmkritik" sah neben diesem Film alles, was in Westdeutschland als „Neuer deutscher Film" firmierte, arg verblassen. Immerhin hatten im Westen einige zornige junge Männer (es waren vor allem Männer) wie Volker Schlöndorff, Edgar Reitz oder Alexander Kluge zwei Jahre zuvor, 1962, mit dem bekannten Oberhausener Manifest den Tod von „Opas Pantoffelkino" und das neue Autorenkino ausgerufen.

Die Reaktionen in der DDR dagegen waren kontrovers. Konrad Wolfs Literaturverfilmung des gleichnamigen Romans von Christa Wolf polarisierte. Warum? Weil Buch und Film gleich zwei schwarze Themen aufgriffen: der strafbare Tatbestand „Republikflucht" wurde erstmals als subjektive Entscheidung vorgestellt und nicht als Menschenhandel skrupelloser Gangster aus dem Westen ideologisch verbrämt. Und ein zweites Tabu in Kunst und Medien der DDR wurde gebrochen: der Film thematisierte psychische Krisen und Suizidgefährdung. Doch Regisseur und Autorin gehörten zur ersten Garnitur der künstlerischen Intelligenz. Sie waren die Aushängeschilder der DDR-Kulturpolitik.

„Der geteilte Himmel" handelt von einer tragischen Liebe unter den Vorzeichen des Mauerbaus. Erzählt wird in chronologischen Rückblenden von Rita, die sich nach einem Nervenzusammenbruch in einem Sanatorium befindet und die Ereignisse der letzten zwei Jahre 1959 und 1960 Revue passieren lässt.

Rita und Manfred sind verliebt. Es scheint, als ständen ihnen alle Wege offen. Manfred holt Rita vom Land zu sich nach Halle. Er verschafft ihr ein Praktikum in dem Betrieb, in dem auch sein Vater arbeitet. Er unterstützt sie in ihrem Entschluss Lehrerin werden zu wollen. Die beiden leben romantisch in einem Dachzimmer bei seinen Eltern.

Aber es wird immer deutlicher, dass die gesellschaftliche Realität und die Politik stärker sind als ihre Liebe. Der junge Chemiker Manfred ist mit den Verhältnissen in der DDR immer unzufriedener, bis er in den Westen flüchtet und seine Liebe zurücklässt. Rita hingegen steht loyal zur DDR, wenn auch nicht unkritisch. Und sie hat als soziale Aufsteigerin auch mehr von der DDR zu erwarten.

Zwar folgt Rita Manfred nach Westberlin, doch fühlt sie sich dort fremd. Die Kälte des kapitalistischen Westens treibt sie zurück. Zu Hause erleidet sie einen Nervenzusammenbruch. Das Ende der jungen Liebe ist besiegelt.

Ein Jahr später, 1965, wäre dieser Film auf dem sogenannten „Kahlschlag-Plenum des ZK der SED mutmaßlich verboten worden, wie nahezu die gesamte Jahresproduktion der DEFA. Doch ganz ohne Zensur ging es auch hier nicht. Je nach politischer Großwetterlage wurde „Der geteilte Himmel" von Zeit zu Zeit mit einer Aufführungssperre belegt. Kurz nach der Premiere wurde der Film wegen „antisozialistischer Tendenzen" aus dem Verkehr gezogen. Und am 25. August 1970 wurde der Antrag des „VEB Progess Film Vertrieb" auf Zulassungsverlängerung abgelehnt mit der Begründung, ein weiterer Einsatz des Film würde die „Republikflucht-Problematik unnötig hochspielen. Erst 1982 lief der Film auch im DDR-Fernsehen.

Heute drängt sich eine andere Lesart auf:

Der Film „Der geteilte Himmel" ist eine Liebesgeschichte, die zwischen die Mühlsteine der großen Politik gerät und zerrieben wird. Letztlich ist der

Film aber ein Bekenntnis der Protagonistin zum Sozialismus. Er folgt dem klassischen Muster des sozialistischen Bildungsromans: Denn er handelt davon, wie aus der persönliche Krise in der bürgerlichen Freiheit Genesung und Rettung in der Sicherheit der sozialistischen Gemeinschaft erwächst.

Die wichtigsten deutschen Filme. Chronologische Übersicht, in: https.://www.filmportal.de

Frank-Burkhard Habel: Das große Lexikon der DEFA-Spielfilme. Die vollständige Dokumentation aller DEFA-Spielfilme von 1946 bis 1993, Berlin 2000, S. 211.

verboten

wiedergefunden

rekonstruiert

Etliche DEFA-Spielfilme der 1950er bis 1970er Jahre teilen eine trübe Gemeinsamkeit: Sie wurden von der Filmzensur der DDR verboten und „wanderten ins Archiv" – wie man so schön sagt. Die Gründe waren vielfältig. Manche Filme zeigten für den Geschmack der Kulturfunktionäre zu viel vom Westen und ließen einen klassenkämpferischen, „parteilichen" Standpunkt vermissen. Andere waren für die DDR-Gesellschaft zum Zeitpunkt ihrer Produktion unverdauliche Kost, sie kamen also einfach zu früh. Oder sie waren in ihrem Blick auf das eigene Land radikal illusionslos und kritisch. Auch ihr weiteres Schicksal ist durchaus unterschiedlich. Gelegentlich bedeutete das Aus-dem-Verkehr-gezogen-werden eine zweite Chance, die Möglichkeit des Nachbesserns. Dann entstand eine zweite, dritte „entschärfte" Fassung, an die alle Beteiligten die Hoffnung knüpften, doch noch die Zulassung für den Kinobetrieb zu erhalten - um zuletzt doch abgelehnt zu werden.

Manchmal wurde der Film zum „Ersatzteilfriedhof". Dann schlachtete der Regisseur oder sein Nachfolger die Originalfassung aus, und baute einzelne Sequenzen in einen anderen Film ein. Nicht selten aber staubte die Originalkopie im Magazin vor sich hin, wurde vergessen und erst Jahrzehnte später zufällig wiedergefunden. Oder sie wurde buchstäblich zu Hause unterm Bett des Regisseurs versteckt gehalten, bis die Zeit reif war, sie wieder hervorzuholen.

In ihren frühen Jahren leistete die DEFA einen wichtigen Beitrag zur Vergegenwärtigung der NS-Diktatur. Es war die Zeit der Heldenverehrung. Und der sozialistische Gegenwartsfilm hatte vor allem eins zu sein: optimistisch und zukunftsfroh und auf die positiven Erscheinungen hin ausgerichtet! Das ist von heute aus das Erwartbare. Erstaunlich hingegen ist im Rückblick der Versuch, in den 1950er Jahren das Genre des kritischen Gesellschaftsfilms zu etablieren: darin sollte die Dekadenz des Westens ausgiebig gezeigt werden, um sie umso wirkungsvoller kritisieren zu können. Ein solcher Film ist „Die Schönste" von Ernesto Remani (1957). Es handelt sich zugleich um den ersten Film, der vollständig verboten wurde – lange vor der prominenten Verbotswelle Mitte der 1960er Jahre.

Die bekannte Zäsur in Kunst, Literatur und Film setzte im Dezember 1965 das 11. ZK-Plenum der SED. Auf Geheiß der SED-Führung wurde eine ganze Jahresproduktion der DEFA verboten. Hermann Axen sprach von einer „Vergiftung des Volkes" durch DDR-kritische Filme. Regisseure wie Frank Beyer wurden für etliche Jahre kaltgestellt. Schauspieler, die für solche Produktionen besetzt worden waren, hatten es in der Folge schwer, Rollen zu bekommen. Ein eindrucksvolles Beispiel hierfür ist der Film „Denk bloß nicht, ich heule" (1965). An eine Aufführung war vor der Wende nicht zu denken.

Der Spielfilm „Die Russen kommen" (1968) ist in diesem Sinne gesellschaftlich unverdächtig. Was ihn in den Augen der Zensur zum Problem-Film werden ließ, war das darin gezeigte Verhältnis zwischen Deutschen und Russen im Zweiten Weltkrieg. Gedreht worden war er im Jahr des Prager Frühlings, als eine ganze Generation im Osten „ihr" 1968 erlebte. Dieser Film kam definitiv zur falschen Zeit. Er konnte erst 1987 aufgeführt werden.

In den 1970er Jahren setzte jene Phase ein, in der sich die SED im Allgemeinen subtilerer Methoden der Zensur bediente. Der zweite deutsche Staat war in dieser Zeit um seine politische Reputation in der Welt etwas besorgter als vorher. Man könnte die Strategie „fürsorgliche Umarmung einer Boa Constrictor" nenne: man verwickelte Autoren und Regisseure in Diskussionen und spielte auf Zeit, indem man Projekte verschleppte – eine Strategie der Ermüdung. Doch man sollte sich nicht täuschen: auch in den 1970er Jahren wurden unverhandelbare Verbote ausgesprochen, wenn die Zensur grundsätzliche Systemkritik witterte. Ein Beispiel für ein spätes, autoritäres Verdikt ist unser letzter Film „Die Taube auf dem Dach" (1973).

Günter Adge (Hg.): Kahlschlag. Das 11. Plenum des ZK der SED. Studien und Dokumente, Berlin ²2000.

Christiane Mückenberger (Hrsg.): Prädikat: Besonders schädlich. Filmtexte, Berlin 1990.

Ingrid Poss, Peter Warnecke (Hg.): Spur der Filme. Zeitzeugen über die DEFA, Berlin 2006.

Henning Wrage: Die Zeit der Kunst. Literatur, Film und Fernsehen in der DDR der 1960er Jahre. Heidelberg: Winter 2009.

Die Schönste (1957/58).

Regie: Ernesto Remani (DDR, 86 min.)

Der Film spielt in Westberlin in den 1950er Jahren. Vordergründig wird die Geschichte einer ungleichen Jungenfreundschaft erzählt. die Jungen kommen aus unterschiedlichen sozialen Milieus: Hannes ist der Sohn eines Werkmeisters und Garagenverwalters, Thomas der eines reichen Unternehmers. Sie schließen eine Wette auf die Schönheit ihrer Mütter ab: welche von beiden ist ohne ihren Schmuck - hier eine mühsam ersparte Brosche, dort ein sündhaft teures Collier - die Schönste. Um dies herauszufinden, entwenden die beiden Jungen die Schmuckstücke. Der Plot dient nun dazu, in spezifischer Weise in die glamouröse Welt der oberen Zehntausend einzutauchen. Während die Brosche nach dem Streit des Werkmeisters mit seiner Frau über den materiellen und ideellen Wert des Schmucks bald wieder zum Vorschein kommt, löst das Fehlen des Schmucks in der Unternehmerfamilie eine tiefere Krise aus. Um die Wiederbeschaffung des verschwundenen Colliers entspannen sich komplizierte Verwicklungen, welche die beiden Jungen bis nach Hamburg führen. Vor dem Zuschauer tun sich kleine und mittlere Abgründe der bürgerlichen Gesellschaft im westdeutschen Wirtschaftswunder auf. Doch als das Collier wiederauftaucht, gewinnt die Unternehmerfamilie ihre alte Reputation sofort wieder. Ja der Unternehmer genießt höheres Ansehen als zuvor. Sofort kauft er sich ein neues Auto.

Mit Filmen wie diesen versuchte sich die DEFA im Genre des „Gesellschaftsfilms" und wagte damit den ideologischen Spagat: die Darstellung des Luxus bei gleichzeitiger Kritik an den „kapitalistischen Verhältnissen" im Westen. Der Film sollte auch international vertrieben werden. Ideologische Plattitüden wollte man daher tunlichst vermeiden. Es galt, den Feind mit seinen eigenen Waffen zu schlagen. Dafür konnte die DEFA mit Ernesto Remani einen Regisseur aus dem Westen gewinnen, der gerade (1956) bei den Filmfestspielen in Cannes mit dem Grand Prix Technique ausgezeichnet worden war für seinen Film „Sob o Céo da Bahia".

Die Produktion fiel in die kurze Phase eines kulturpolitischen Tauwetters nach Stalins Tod und nach dem XX. Parteitag der KPdSU 1956, das aber bereits wieder überschattet war durch die Ereignisse des Volksaufstands in Ungarn. Eigentlich musste in dieser Zeit nicht das Drehbuch von der Vorzensur genehmigt werden, sondern die DEFA entschied eigenverantwortlich über die Produktionen: und erst der fertiggestellte Film wurde der Hauptverwaltung Film vorgelegt.

Doch in diesem Fall gab es bereits vorher kritische Bedenken. Die Zensur ließ sich die Rohschnittfassung vorlegen. Nun forderte auch die Direktion der DEFA Änderungen. Der Regisseur Remani geriet unter ideologischen Beschuss, er sei „alles andere als ein Regisseur, den wir brauchen können" Mit diesen zweifelhaften „Vorschusslorbeeren" ging der Film im August 1957 in die Begutachtung durch die HV Film. Es gab Nachaufnahmen und einen neuen Schluss: in der nachgebesserten Fassung verlässt die Unternehmergattin Yvonne Berndorf ihren Mann. Aber auch nach einer erneuten Prüfung im Januar 1958 wurde der Film abgelehnt.

Anton Ackermann, Leider der HV Film beim KuMi, fällte über das gesamte Genre des „Gesellschaftskritischen Films" ein vernichtendes Urteil und hatte dabei neben „Millionen für Yvette" (1956), „Rivalen am Steuer" und „Spielbankaffäre" (beide 1957) ausdrücklich „Die Schönste" im Blick. Im SED-Organ „Die Einheit" verlautete er 1958, der Film bleibe „völlig in der Unverbindlichkeit stecken" und diene „sogar einer Verniedli-

chung und Lobpreisung kapitalistischer Verhält-
nisse mit weitgehender ,Volksgemeinschafts'-
Ideologie". Starke Worte! Da wird man im Nach-
hinein neugierig.

Obendrein war dem Regisseur die Wiedereinreise
in die DDR im Herbst 1957 verweigert worden.
Möglicherweise war den Kulturfunktionären erst
jetzt aufgefallen: Remani, alias Ernst Rechenma-
cher hatte als Regieassistent bei Luis Trenker be-
gonnen und war im Dritten Reich als Filmprodu-
zent tätig gewesen.

In der Hoffnung, den Film zu retten, beauftragte
die DEFA nun intern den Regisseur Walter Beck,
einen Spezialisten für Kinderfilme, und den
Schriftsteller Heinz Kahlau, mit der Überarbeitung
des Drehbuchs und mit weiteren Nachaufnahmen.
Es entstand die umfassend nachgebesserte und um
20 Minuten gekürzte „Zensurfassung", die 1959
der HV Film erneut zur Abnahme vorgelegt wurde.

Im neuen Film gibt es zwei Anstreicher, die in die
Film-Handlung einführen und diese kommentieren

– der eine klassenbewusst auf Linie, der andere einfältig-naiv und voller Bewunderung für die Welt der oberen Zehntausend. Ein aufmüpfiger Barde, der junge Manfred Krug, singt einen Song „Schade ach Schade, alles Fassade". Das Werkzeugmacher-Paar nimmt das Verschwinden der Brosche mit Humor. Überhaupt findet der Mann seine Frau ohne Brosche viel schöner. Die Gäste bei Berndorfs verlassen fluchtartig das feine Haus und bezeichnen die Vorkommnisse als „Skandal". Anders als in der Originalfassung gelangen die beiden Jungs über die Zonengrenze, ohne die Wachposten der DDR zu überlisten. Die Haushälterin wirft der feinen Dame vor, sich nicht ausreichend um den Sohn zu kümmern – ein Fall von Wohlstandsvernachlässigung. Und Yvonne Berndorf verlässt am Ende zusammen mit dem Sohn ihren Mann, um nicht länger das hübsch dekorierte Prestigeobjekt zu sein.

Doch es blieb bei der Ablehnung, im März 1959 und endgültig im August 1961. Am Anspruch des

„gesellschaftskritischen Films" war die DEFA aus Sicht der HV Film vollständig gescheitert.

1999 restaurierte die DEFA-Stiftung beide Fassungen. Sie wurden im Mai 2002 uraufgeführt. Die Kritik des Jahres 2002 sah in dem Film vieles: vom „bizarren Trash" zum „herzerfrischenden Stehpartie-Geplänkel" mit bösen Karikaturen der Raffsucht, aber auch einen Unterhaltungsfilm, wie man ihn in den 1950er Jahren angeblich in jedem Eck-Kino im Westen sehen konnte. Vielleicht doch nicht ganz! Schaun' wir mal!!

Sehen Sie nun die Originalfassung aus dem Jahr 1957 – vor allen Verschlimmbesserungen durch Nacharbeiten. Und anschließend die Eingangsszene und den Schluss der Zensurfassung.

Frank-Burkhard Habel: Das große Lexikon der DEFA-Spielfilme. Die vollständige Dokumentation aller DEFA-Spielfilme von 1946 bis 1993, Berlin 2000, S. 515.

Denk bloß nicht, ich heule (1965)

Regie: Frank Vogel, Darsteller: Peter Reusse, Anne-Kathrin Kretzschmar, Hans Hardt-Hardtloff, Jutta Hoffmann u.a. (91 min.)

„Denk bloß nicht, ich heule", gehört zu den sogenannten „Kaninchenfilmen" – jenen Produktionen, die nach einem kurzen kulturpolitischen Tauwetter in der DDR im Zuge des berüchtigten 11. Plenums des ZK der SED verboten wurden. Sie kennen vermutlich die Filme „Das Kaninchen bin ich" (Kurt Maetzig) oder „Spur der Steine" (Frank Beyer). Nahezu die gesamte Jahresproduktion der DEFA fiel dem Verdikt der SED zum Opfer. Die Partei sah hier antisozialistische Tendenzen am Werk.

Frank Beyers Film „Denk bloß nicht ich heule" galt geradezu als Paradebeispiel für Pessimismus, Skeptizismus und Revisionismus. Gegen ihn eiferte Horst Schumann, ZK-Mitglied und erster Sekretär der FDJ auf dem 11. Plenum: „Es ist ein Film gegen uns, gegen unsere Partei, gegen unsere Republik und gegen unsere Jugend." Danach verschwand der Streifen für 25 Jahre im Tresor. Erst 1990 kam es zur Uraufführung.

Dabei war der Regisseur nach eigenem Bekunden lediglich daran interessiert, möglichst präzise der Frage nachzugehen, wie ein sozialistisches Lebensgefühl in der „Übergangsgesellschaft" der 1960er Jahre entsteht, beziehungsweise verhindert wird.

Erzählt wird ein Schülerdrama. Peter Naumann ist auf der Suche nach einem sinnvollen Leben und nach Ehrlichkeit. Sein Vater hat ihm auf den Lebensweg mitgegeben, dass man auf seinem eigenen Leben bestehen müsse, gegen die Macher und Funktionierer.

Der 18Jährige stellt sich und dem Zuschauer die Frage: „Ich lebe hier schon immer, und hier ist Sozialismus. Warum bin ich keiner?"

In einem Schulaufsatz verkündet Peter, dass er „die Republik nicht braucht". Darauf folgt seine Relegation von der Oberschule. Außer seiner Freundin Anne hat niemand Verständnis für seine Auflehnung gegen die von ihm als alltäglich empfundene Heuchelei. Anne ermutigt ihn, trotzdem einen Antrag zur Abiturprüfung zu stellen. Aber Peter trifft wieder auf den Lehrer, der seinen Rauswurf betrieben hatte, und er trifft auf dieselben Vorurteile wie zuvor. In seiner Enttäuschung will er sich gemeinsam mit seinen Freunden an dem Lehrer rächen. Doch als die Situation eskaliert und es zu Tätlichkeiten kommt, steht er dem Lehrer bei und wird selbst verprügelt. Die Gemeinsamkeit währt jedoch nur kurz. Bald schlagen ihn die Vorwürfe des Pädagogen wieder in die Flucht.

Frank Beyer zeichnet ein ungeschöntes Bild vom „realexistierenden Sozialismus": Ständig schlagen die Situationen um, Brüche und Verhärtungen werden sichtbar. Allenthalben herrscht ein autoritärer Anpassungsdruck. Der Konflikt zwischen den Generationen wird schärfer. Die Frustration der jungen Männer sucht sich ihre Ventile – auch in Aggressionen.

Gerade die Bereitschaft zur Gewalt empörte bei den Probevorstellungen quer durch die Republik die Funktionäre und die handverlesenen Gäste. Oder wie es der Verantwortliche für Kultur und Volksbildung in der SED-Kreisleitung Demin ausdrückte: „Der Film wühlt in der Abfallgrube der Republik."

Es folgten Nacharbeiten, Entschärfungen, quälende Zugeständnisse an die Parteikritik – aber es half nichts, der Film wurde nicht zur öffentlichen Aufführung zugelassen.

Und die Zensur Hatte Folgen. Die künstlerische Arbeitsgemeinschaft „Heinrich Greif", die den Film gemacht hatte, wurde aufgelöst. Für den Hauptdarsteller, Peter Reusse, blieb die Rolle des

Peter Naumann auf lange Zeit die einzige Hauptrolle bei der DEFA. Der Regisseur, Frank Vogel, konnte zwar weiter Filme drehen, aber er wählte sich seine Themen fortan „kleiner, verschlüsselter", wie er 1990 in einem Interview sagte. „Das Verbot war ein Bruch in meinem Leben."

Erst 1990 konnte der Film in seiner ursprünglichen Fassung, nahezu rekonstruiert, erstmals gezeigt werden.

https://www.filmportal.de

https://www.zweitausendeins,de/filmlexikon/ [Lexikon des Internationalen Films]

Die Russen kommen (1968)

Regie: Heiner Carow (DDR, 96 min.)

Der Film ist das glatte Gegenteil jener kleinen Heldenepen vom geläuterten deutschen Soldaten, der den ideologischen Verblendungszusammenhang erkennt und desertiert oder zur Roten Armee überläuft. Er spielt in den letzten Tagen des Zweiten Weltkrieges im April 1945 in einem Dorf an der Ostsee.

In einer Art von Prolog sehen wir die jugendlichen Protagonisten des Films– Günter, Igor, Christine und eine Freundin unbeschwert in der Gegenwart der 1960er Jahre. Und wir gleiten hinüber in eine Vergangenheit, die nur gut zwanzig Jahre zurückliegt.

Der 16jährige Günter Walcher ist ein vom Endsieg überzeugter Hitlerjunge. Doch seine Welt gerät gerade aus den Fugen: ein russischer „Ostarbeiter"-Junge zieht ganz andere Schlussfolgerungen aus dem toten deutschen Soldaten am Strand als Günter. Als der junge Russe von der HJ gejagt wird, ist es Günter, der ihn verfolgt und stellt, aber er will ihm am Ende helfen. Doch ein Polizist erschießt ihn vor seinen Augen. Und doch ist es Günter, der für die Tat mit dem Eisernen Kreuz, 2. Klasse ausgezeichnet und gefeiert wird. Da ist sein Vater längst an der Ostfront gefallen. Und so nimmt sich der Lehrer des Halbwaisen an und versucht ihm klar zu machen, dass der Krieg verloren sei. Dagegen sträubt sich der Junge. Er will kämpfen. Nach einem Kinobesuch des Durchhaltefilms „Kolberg" mit seiner Freundin wird er als letztes Aufgebot zusammen mit anderen Jungen mobilisiert. Die machen sich aber offensichtlich aus dem Staub. Er ist allein und wird im nächsten Dorf von russischen Soldaten aufgespürt. Ihr Jeep wird von einer Mine getroffen. Günter, der einzige Überlebende flüchtet zur Freundin, die Familie schickt ihn aber nach Hause. Dort wird er verhaftet. Er ist sich keiner Schuld bewusst – trotz HJ-Mitgliedschaft und eisernem Kreuz. Doch die Nachricht, dass sein Vater aus Verzweiflung über diesen Krieg den Tod an der Front gesucht hatte, verwirrt ihn. In Wachtraumsequenzen erscheint ihm sein Vater und vor allem der junge Russe, Igor. Es entsteht so etwas wie eine Freundschaft. Plötzlich befindet sich auch der Todesschütze in der Zelle. Als der Polizist, der nun den harmlosen Rentner mimt, sich seines Schweigens versichern will, erschlägt ihn Günter, um den Lügen ein Ende zu bereiten. Dann bricht der Jugendliche zusammen und wird von Sanitätern abtransportiert. Da hat das OKW bereits die Kapitulation der Wehrmacht bekannt gegeben. In einem grotesk anmutenden Epilog sieht man die Freundin mit dem jungen Russen Igor, der jetzt einer der Besatzungssoldaten ist, die Straße hinuntergehen. Sie sprechen Englisch miteinander, weil Christine kein Russisch versteht. In der Schluss-

Szene am Meer freut sich Igor über den Frieden, nicht so sehr über den Sieg.

Noch vor der Premiere wurde der Film verboten. Man kritisierte die „Psychologisierung des Faschismus" und die Tatsache, dass ein jugendlicher Mitläufer als Opfer in den Mittelpunkt gestellt wird. Unbehagen verursachten das Denken und Handeln der Menschen in der Zeitluke „April 1945" zwischen den letzten Tagen des Krieges und den ersten Tagen der Befreiung.

Heiner Carow, der bis dahin vor allem mit Kinder- und Jugendfilmen hervorgetreten war, verwendete Teile des Films in seinem nächsten Projekt „Karriere". Darin ist der ehemalige Hitlerjunge Günter Walcher, inzwischen 40 Jahre alt und lebt in der Bundesrepublik. Für den eigenen beruflichen Aufstieg soll er einen Kommunisten verraten. Dabei erinnert er sich an die Episode aus den letzten Kriegstagen. Doch diese Montage aus Rückblende und Gegenwart misslang dem Regisseur. Sein Herz hing erkennbar am historischen Stoff, während ihm die Gegenwart hölzern und blutleer geriet.

Lange galt die Originalfassung als vernichtet. Doch hatte Evelyn Carow, die Ehefrau und Cutterin, eine Arbeitskopie des Films zu Hause aufbewahrt. Mitte der 1980er war die Zeit reif für einen neuen Anlauf. Nach der Restaurierung konnte der Film schließlich 1987 in Ost-Berlin uraufgeführt werden. Zwei Jahre später lief er auch in der Bundesrepublik. Nun überschlugen sich die Kritiker mit Lob: stilistisch seiner Zeit voraus, im Stil der Nouvelle Vague gedreht, zu vergleichen mit Andrej Tarkowskis Meisterwerk „Iwans Kindheit", ein würdiges Pendant zu Konrad Wolfs „Ich war neunzehn" und ein Plädoyer gegen Volksverhetzung und ideologische Verführung – so lauteten die einhelligen Urteile.

Sehen Sie nun „Die Russen kommen" in der restaurierten Originalfassung. Die Abstriche bei der Bildqualität bitten wir zu entschuldigen.

Frank-Burghard Habel: Das große Lexikon der DEFA-Spielfilme. Die vollständige Dokumentation aller Spielfilme von 1946 bis 1993, Berlin 2017, S. 499f..

https://www.zweitausendeins,de/filmlexikon/ [Lexikon des Internationalen Films]

Die Taube auf dem Dach (1973)

Regie: Iris Gusner (DDR, 82 min.)

Zur Handlung des Films: Linda Heinrichs, die Protagonistin, ist als Bauleiterin auf einer Großbaustelle des sozialistischen Wohnungsbaus tätig. Es ist die Geschichte einer beruflich erfolgreichen Frau, die im privaten Leben noch auf der Suche ist. Sie ist zwischen zwei Männern hin und her gerissen, die nicht unterschiedlicher sein können: hier der impulsive, spontane Student Daniel, dort der rastlose und heimatlose Baubrigadier Hans Böwe, mit dem sie die Arbeit verbindet. Seinen Heiratsantrag nimmt sie nicht sofort an, was Böwe als Zurückweisung empfindet und ihn in eine Krise stürzen lässt. Er sucht Trost im Alkohol.

Das bringt Linda dazu, über das Glück und die Hoffnung in ihrem eigenen Leben und in der sozialen Realität der DDR nachzudenken. Die ist bevölkert von Typen: Da ist die aufgedrehte Sekretärin im Büro der Bauleitung - eine Karikatur, wie von Loriot erfunden -, dann der Arbeiter aus Palästina oder ist es ein Emigrant aus Argentinien? Das ist nicht ganz klar – zum Plakat aus Palästina erklingt südamerikanische Musik im Wohnheim, wo auch der Student während der Semesterferien untergebracht ist. Dann das alte Elternpaar, das Plattdeutsch spricht und sich nur schwer zurechtfindet im Neubaugebiet – anachronistische Zeitgenossen. Und schließlich ist da die Mutter eines langhaarigen Aussteigers vom Bau – erfolgreiche Ärztin und mindestens Angehörige der technischen Intelligenz in der Bauart der 1970er Jahre – elegant, weltläufig in Richtung Osten. Auch sie hat hart gearbeitet für ihren beruflichen Erfolg. Und schließlich der Christbaumkugelfabrikant, der Vater des Studenten Daniel, der Stimmungen produziert und die Menschen manipuliert. Alle diese Lebensentwürfe haben ihren Preis. Am Ende bricht die Bauleiterin mit dem Studenten. Es scheint, als habe sie sich mit der Gesellschaft des gestandenen Brigadiers abgefunden und als gebe sie einem bodenständig-geerdeten Leben den Vorzug. Schwerfällig und kraftvoll arbeitet sich im Hintergrund der beiden Spaziergänger im Wiesengrund eine Lokomotive über die Brücke ...

Das ist das letzte Bild des Films.

Die Regisseurin Iris Güner (Jg. 1941) ist neben Bärbel Bergmann und Hannelore Unterberg eine der wenigen Frauen, die bei der DEFA Regie führten. Sie kam vom Fernsehen zunächst zum Dokumentarfilm und dann zum Spielfilm. Als Regieassistentin war sie an Konrad Wolfs opulenter Künstlerbiographie „Goya - oder der arge Weg der Erkenntnis" beteiligt. Es folgte ihr erster eigener Film „Die Taube auf dem Dach".

Der Film wurde 1973 nicht zur Aufführung freigegeben, weil er nach zeitgenössischer Lesart ein verzerrtes Bild der DDR zeichnete. Man warf der

Regisseurin vor, sie würde ausschließlich Menschen in krisenhaften Zuständen zeigen. Noch immer verfing der konservative Heldenbegriff der „Arbeiterklasse", der aus der Mottenkiste des sozialistischen Realismus stammte: verstörend empfand die Zensur die Figur des alten Arbeiters als tragische Figur.

Das Filmmaterial gelangte nicht ins Staatliche Filmarchiv der DDR, sondern wurde auf Veranlassung der Hauptdirektion der DEFA im Studio vernichtet. Allerdings blieb eine Arbeitskopie erhalten. Sie galt jedoch lange Zeit als verschollen. In der Wendezeit 1989/90 entdeckte der Kameramann Roland Gräf besagte Kopie in irgendeinem Winkel eines nichtklimatisierten Vorführraumes bei der DEFA. Wie man sich denken kann, befand sie sich in einem beklagenswert schlechten Zustand. Es war jedoch noch möglich, eine Kopie in Schwarzweiß sowie eine Vorführkopie anzufertigen. Im Oktober 1990 wurde diese Arbeitskopie aufgeführt – bevor sie erneut spurlos verschwand. Nach jahrelanger Suche wurde das schwarzweiße Duplikat-Negativ schließlich 2009 wiedergefunden und der Film rekonstruiert. Im September 2010, also 37 Jahre nach der geplanten Premiere und knapp zehn Jahre nach seiner ersten Vorführung wurde der Film endlich einer breiteren Öffentlichkeit vorgestellt, nachdem er zweimal abhandengekommen war.

https://www.filmportal.de

Ralf Schenk: Der Spatz in der Hand. Realität und Utopie in einem DEFA-Verbotsfilm von 1973: „Die Taube auf dem Dach". In: *Berliner Zeitung*. Nr. 210 (9.9.2010), Kulturkalender. Film, S. 2.

Iris Gusner: Start in Moskau. Regiestudenten der Moskauer Filmhochschule erinnern sich, Berlin 2018.

Die DEFA-Spielfilmproduktion

Liste aller DEFA-Spielfilme

Erläuterungen

Die Filme werden nach dem **Jahr** ihrer Fertigstellung und darin in chronologischer Reihenfolge genannt, beginnend mit dem **Titel** des Films. Bei Co-Produktionen verschiedener Länder werden alle Aufführungstitel genannt, wobei der Aufführungstitel der DDR an erster Stelle steht. Dann folgt die **Regie** des Films. Zuletzt werden **Besonderheiten vermerkt.** Schwarzweißfilm (s/w), Gruppe (G), Produktionsgruppe (PG), Herstellungsgruppe (HG) oder Künstlerische Arbeitsgruppe (KAG) des Films, Koproduktion.

1946
Die Mörder sind unter uns. Wolfgang Staudte. s/w *** Freies Land. Milo Harbich. s/w *** Irgendwo in Berlin. Gerhard Lamprecht. s/w ***

1947
Kein Platz für Liebe. Hans Deppe. s/w *** Razzia. Werner Klingler. s/w *** Ehe im Schatten. Kurt Maetzig. s/w *** Wozzeck. Georg C. Klaren. s/w ***

1948
Die seltsamen Abenteuer des Herrn Fridolin B.. Wolfgang Staudte. s/w *** Straßenbekanntschaft. Peter Pewas. s/w *** Chemie und Liebe. Arthur Maria Rabenalt. s/w *** Grube Morgenrot. Wolfgang Schleif, Erich Freund. s/w *** 1-2-3 Corona. Hans Müller. s/w *** Und wieder 48. Gustav von Wangenheim. s/w, HG „Kurt Hahne" *** Affaire Blum. Erich Engel. s/w ***

1949
Das Mädchen Christine. Arthur Maria Rabenalt. s/w *** Träum' nicht, Annette! Eberhard Klagemann. s/w *** Die Brücke. Arthur Pohl. s/w *** … und wenn's nur einer wär' … Wolfgang Schleif. s/w *** Die Kuckucks. Hans Deppe. s/w *** Quartett zu fünft. Gerhard Lamprecht. s/w *** Die Buntkarierten. Kurt Maetzig. s/w *** Rotation. Wolfgang Staudte. s/w *** Der Biberpelz. Erich Engel. s/w, HG „Herbert Uhlich" *** Unser täglich Brot. Slatan Dudow . s/w *** Fi-

garos Hochzeit. Georg Wildhagen. s/w *** Die blauen Schwerter.
Wolfgang Schleif. s/w ***

1950
Der Auftrag Höglers. Gustav von Wangenheim. s/w, HG „Kurt Hahne" *** Der Kahn der fröhlichen Leute. Hans Heinrich. s/w *** Bür-
germeister Anna. Hans Müller. s/w *** Der Rat der Götter. Kurt Maetzig. s/w *** Semmelweis – Retter der Mütter /
Dr. Semmelweis – Retter der Mütter Stunde der Entscheidung. Georg
C. Klaren. s/w, HG „Kurt Hahne" *** Familie Benthin. Kurt Maetzig,
Slatan Dudow, Richard Groschopp. s/w *** Die Jungen von Kranich-
see / Lehrer Heider. Arthur Pohl. s/w *** Saure Wochen – frohe Fes-
te. Wolfgang Schleif. s/w *** Das kalte Herz. Paul Verhoeven. ***
Die lustigen Weiber von Windsor. Georg Wildhagen. s/w ***

1951
Die Sonnenbrucks. Georg C. Klaren. s/w *** Die letzte Heuer. Ernst
Wilhelm Fiedler. s/w *** Das Beil von Wandsbek. Falk Harnack. s/w
*** Modell Bianka. Richard Groschopp. s/w *** Zugverkehr unre-
gelmäßig. Erich Freund. s/w *** Der Untertan. Wolfgang Staudte. s/w
*** Corinna Schmidt. Arthur Pohl. s/w *** Die Meere rufen. Eduard
Kubat. s/w ***

1952
Roman einer jungen Ehe. Kurt Maetzig. s/w *** Karriere in Paris.
Georg C. Klaren, Hans-Georg Rudolph. s/w *** Das verurteilte Dorf.
Martin Hellberg. s/w *** Schatten über den Inseln. Otto Meyer. s/w
*** Frauenschicksale. Slatan Dudow. *** Sein großer Sieg. Franz
Barrenstein. s/w ***

1953
Geheimakten Solvay. Martin Hellberg. s/w *** Anna Susanna.
Richard Nicolas. s/w *** Die Unbesiegbaren. Arthur Pohl. s/w ***
Jacke wie Hose. Eduard Kubat. s/w *** Die Störenfriede. Wolfgang
Schleif. *** Das kleine und das große Glück. Martin Hellberg. s/w
*** Die Geschichte vom kleinen Muck /
Westdeutsche Verleih- und Fernsehtitel: Ein Abenteuer aus 1001
Nacht (Die Geschichte vom kleinen Muck) / Der kleine Muck / Die
Abenteuer des kleinen Muck. Wolfgang Staudte. ***

1954
Ernst Thälmann – Sohn seiner Klasse. Kurt Maetzig. *** Kein
Hüsung. Arthur Pohl. s/w *** Gefährliche Fracht. Gustav von Wan-
genheim. s/w *** Das geheimnisvolle Wrack. Herbert Ballmann. s/w

*** Alarm im Zirkus. Gerhard Klein. s/w *** Hexen. Helmut Spieß. s/w *** Stärker als die Nacht. Slatan Dudow. s/w *** Der Fall Dr. Wagner. Harald Mannl. s/w *** Leuchtfeuer. Wolfgang Staudte. s/w; DDR/Schweden *** Carola Lamberti – Eine vom Zirkus. Hans Müller. s/w *** Pole Poppenspäler. Arthur Pohl. ***

1955
Der Ochse von Kulm. Martin Hellberg. s/w *** Wer seine Frau lieb hat... Kurt Jung-Alsen. s/w *** Hotelboy Ed Martin. Ernst Kahler, Karl-Heinz Bieber. s/w *** Ein Polterabend. Curt Bois. s/w *** Einmal ist keinmal. Konrad Wolf. *** Der Teufel vom Mühlenberg. Herbert Ballmann. *** Sommerliebe. Franz Barrenstein. s/w *** Rauschende Melodien / Die Fledermaus. Ernst Wilhelm Fiedler. *** Das Fräulein von Scuderi. Eugen York. s/w; DDR/Schweden *** Star mit fremden Federn. Harald Mannl. s/w *** Ernst Thälmann – Führer seiner Klasse. Kurt Maetzig. *** Robert Mayer – Der Arzt aus Heilbronn. Helmut Spieß. s/w *** 52 Wochen sind ein Jahr. Richard Groschopp. s/w

1956
Der Teufelskreis. Carl Ballhaus. s/w *** Heimliche Ehen. Gustav von Wangenheim. s/w *** Genesung. Konrad Wolf. s/w *** Besondere Kennzeichen: keine. Joachim Kunert. s/w *** Junges Gemüse. Günter Reisch. s/w *** Drei Mädchen im Endspiel. Kurt Jung-Alsen. s/w *** Der Richter von Zalamea. Martin Hellberg. s/w *** Das Traumschiff. Herbert Ballmann. s/w *** Eine Berliner Romanze. Gerhard Klein. s/w *** Thomas Müntzer – Ein Film deutscher Geschichte. Martin Hellberg. *** Zar und Zimmermann. Hans Müller. *** Mich dürstet. Karl Paryla. s/w *** Das tapfere Schneiderlein. Helmut Spieß. *** Treffpunkt Aimée. Horst Reinecke. s/w *** Damals in Paris … / Paris zwischen Nacht und Morgen. Carl Ballhaus. s/w, DEFA / Deutscher Fernsehfunk *** Die Abenteuer des Till Ulenspiegel / Till Eulenspiegel, der lachende Rebell / Les Aventures de Till L'Espiégle. Gérard Philipe, Joris Ivens. DDR/Frankreich *** Die Millionen der Yvette. Martin Hellberg. s/w *** Der Hauptmann von Köln. Slatan Dudow. *** Die Fahrt nach Bamsdorf. Konrad Petzold. s/w, PG Jugend- und Kinderfilme *** Zwischenfall in Benderath. János Veiczi. s/w ***

1957
Schlösser und Katen. 1. Teil: Der krumme Anton, II. Teil: Annegrets Heimkehr. Kurt Maetzig. s/w *** Bärenburger Schnurre. Ralf Kirsten. s/w *** Alter Kahn und junge Liebe. Hans Heinrich. s/w *** Betro-

gen bis zum jüngsten Tag. Kurt Jung-Alsen. s/w *** Tinko. Herbert Ballmann. s/w *** Rivalen am Steuer. Ernst Wilhelm Fiedler. s/w *** Mazurka der Liebe. Hans Müller. *** Lissy. Konrad Wolf. s/w *** Zwei Mütter . Frank Beyer. s/w *** Wo du hin gehst … Martin Hellberg. s/w *** Berlin – Ecke Schönhauser… Gerhard Klein. s/w *** Spielbank-Affäre / Parkplatz zur großen Sehnsucht. Arthur Pohl. DDR/Schweden *** Die Hexen von Salem / Hexenjagd / Les Sorcières de Salem. Raymond Rouleau. s/w, Frankreich/DDR *** Der Fackelträger. Johannes Knittel. s/w *** Spur in die Nacht. Günter Reisch. s/w *** Polonia-Express. Kurt Jung-Alsen. s/w *** Vergesst mir meine Traudel nicht. Kurt Maetzig. s/w *** Sheriff Teddy. Heiner Carow. s/w *** Gejagt bis zum Morgen. Joachim Hasler. s/w *** Skimeister von morgen. Ralf Kirsten. s/w *** Das singende, klingende Bäumchen / Im Zauberreich des Berggeistes. Francesco Stefani. *** Die Schönste. Ernesto Remani. 17. März 1959 verboten; erst 2002 uraufgeführt ***

1958
Tatort Berlin. Joachim Kunert. s/w *** Jahrgang 21 / Ročník jeden-advacet. Václav Gajer. s/w, DDR/ČSSR *** Nur eine Frau. Carl Ballhaus. s/w *** Emilia Galotti. Martin Hellberg. s/w *** Meine Frau macht Musik. Hans Heinrich. *** Abenteuer in Bamsdorf. Konrad Petzold. *** Sie kannten sich alle. Richard Groschopp. s/w *** Ein Mädchen von 16 ½. Carl Ballhaus. s/w *** Fiete im Netz. Siegfried Hartmann. s/w *** Die Geschichte vom armen Hassan. Gerhard Klein. teilw. s/w *** Der Lotterie-schwede. Joachim Kunert. s/w *** Die Feststellung. Herbert Fischer. s/w *** Der Prozess wird vertagt. Herbert Ballmann. s/w *** Das Lied der Matrosen. Kurt Maetzig, Günter Reisch. s/w *** Klotz am Bein. Frank Vogel. s/w *** Tilman Riemenschnei-der. Helmut Spieß. *** Geschwader Fledermaus. Erich Engel. s/w *** Sonnensucher. Konrad Wolf. s/w, 1971 uraufgeführt, kam erst 1972 in die Kinos *** Im Sonderauftrag. Heinz Thiel. s/w *** Die Elenden / Les Misérables. Jean-Paul Le Chanoi. DDR/Frankreich/Italien *** Sie nannten ihn Amigo. Heiner Carow. s/w ***

1959
Die Premiere fällt aus. Kurt Jung-Alsen. s/w *** Natürlich die Nelli! Konrad Petzold. *** Kapitäne bleiben an Bord. Martin Hellberg. s/w *** Ware für Katalonien. Richard Groschopp. s/w *** Sterne / везди. Konrad Wolf. s/w, DDR/Bulgarien *** Ein ungewöhnlicher Tag. Bärbl Bergmann. *** Reportage 57. János Veicz. s/w *** Das Feuerzeug. Siegfried Hartmann. *** Reifender Sommer. Horst Reinecke. s/w *** Claudia. Walter Beck. s/w *** Der kleine Kuno. Kurt Jung-

Alsen. s/w *** Simplon-Tunnel. Gottfried Kolditz. s/w *** SAS 181 antwortet nicht. Carl Ballhaus. s/w *** Senta auf Abwegen. Martin Hell-berg. s/w. *** Ehesache Lorenz. Joachim Kunert. s/w *** Der verlorene Ball. Kurt Weiler. *** Eine alte Liebe. Frank Beyer. s/w *** Bevor der Blitz einschlägt. Richard Groschopp. s/w *** Erich Kubak. Johannes Arpe. s/w *** Weißes Blut. Gottfried Kolditz. s/w *** Maibowle. Günter Reisch. G „Roter Kreis" *** Verwirrung der Liebe. Slatan Dudow. *** Kabale und Liebe. Martin Hellberg. s/w *** Musterknaben. Johannes Knittel. s/w

1960
Zu jeder Stunde. Heinz Thiel. s/w, HG „Heinrich Greif" *** Der schweigende Stern / Raumschiff Venus antwortet nicht (BRD). Milcząca Gwiazda, Kurt Maetzig. G „Roter Kreis"/Film Polski, G „I-luzjon", DDR/Polen *** Das Leben beginnt. Heiner Carow. s/w *** Die Achatmurmel. Bärbl Bergmann. *** Einer von uns. Helmut Spieß. s/w *** Leute mit Flügeln. Konrad Wolf. KAG „Heinrich Greif" *** Trübe Wasser. Louis Daquin. s/w, Frankreich/DDR *** Der neue Fimmel. Walter Beck. s/w *** Die Entscheidung des Dr. Ahrendt. Frank Vogel. s/w *** Hochmut kommt vor dem Knall. Kurt Jung-Alsen. s/w *** Wo der Zug nicht lange hält… Joachim Hasler. s/w, G „Heinrich Greif" *** Hatifa. Siegfried Hartmann. *** Das Zaubermännchen. Christoph Engel. *** Seilergasse 8. Joachim Kunert. s/w *** Was wäre, wenn…? Gerhard Klingenberg. s/w *** Sommerwege. Hans Lucke. s/w *** Alwin der Letzte. Hubert Hoelz-ke . s/w *** Schritt für Schritt. János Veiczi. s/w *** Die heute über 40 sind. Kurt Jung-Alsen. s/w *** Fünf Patronenhülsen. Frank Beyer. s/w *** Begegnung im Zwielicht / Spotkania w mroku. Wanda Jaku-bowska. s/w, DEFA/Film Polski, Gruppe „Start", DDR/Polen *** Kein Ärger mit Cleopatra. Helmut Schneider. s/w *** Der Moorhund. Konrad Petzold. s/w *** Die schöne Lurette. Gottfried Kolditz. *** Silvesterpunsch. Günter Reisch. G „Roter Kreis" ***

1961
Steinzeitballade. Ralf Kirsten. s/w *** Die Liebe und der Co-Pilot. Richard Groschopp. s/w *** Septemberliebe. Kurt Maetzig. s/w, KAG „Roter Kreis" *** Mutter Courage und ihre Kinder. Peter Pa-litzsch, Manfred Wekwerth. s/w *** Der Fremde. Johannes Arpe. s/w, KAG „Solidarität" *** Fünf Tage – Fünf Nächte / Пять дней – пять ночей. Heinz Thiel. DEFA/Mosfilm, DDR/UdSSR *** Ein Sommer-tag macht keine Liebe. Herbert Ballmann, Gerhard Klein. s/w *** Das Rabauken-Kabarett. Werner W. Wallroth. s/w *** Das hölzerne Käl-bchen. Bernhard Thieme. s/w *** Professor Mamlock. Konrad Wolf. s/w, HG „Heinrich Greif" *** Das Märchenschloss. Herrmann Zscho-

che. KAG „Roter Kreis" *** Italienisches Capriccio. Glauco Pellegrini. *** Kuttel. Siegfried Menzel. *** Der Arzt von Bothenow. Johannes Knittel. s/w *** Die goldene Jurte / Altan orgoo. Gottfried Kolditz. DEFA/Mongolkino, DDR/Mongolei *** Urlaub ohne Dich. Hans Lucke. s/w *** Drei Kapitel Glück. Walter Beck. s/w *** Der Fall Gleiwitz. Gerhard Klein. s/w, G „Berlin" *** Der Traum des Hauptmann Loy. Kurt Maetzig. s/w, G „Roter Kreis" *** Der Mann mit dem Objektiv. Frank Vogel. s/w, G „Heinrich Greif" *** Schneewittchen. Gottfried Kolditz. G „Solidarität" *** Guten Tag, lieber Tag. Gerhard Klingenberg. s/w, G „Berlin" *** Küsschen und der General. Wolfgang Bartsch. s/w *** Der Tod hat ein Gesicht. Joachim Hasler. s/w, G „Heinrich Greif" *** Eine Handvoll Noten. Helmut Spieß. *** Das Kleid. Konrad Petzold. HG „konkret" ***

1962
Auf der Sonnenseite. Ralf Kirsten. s/w, G „60" *** Tanz am Sonnabend – Mord? Heinz Thiel. s/w, HG „Heinrich Greif" *** Ärzte. Lutz Köhlert. s/w, KAG „Roter Kreis" *** Die aus der 12b. Rudi Kurz. s/w *** Wenn Du zu mir hältst. Hans-Erich Korbschmitt. s/w *** Die Igelfreundschaft / Uprchlík. Herrmann Zschoche. G „Roter Kreis"/Filmstudios Barrandov, G Rouha-Jelinek, DDR/ČSSR *** Christine und die Störche. Jiří Jahn. s/w, Gruppe „60" *** Freispruch mangels Beweises. Richard Groschopp. s/w *** Peter und das Einmaleins mit der Sieben. Heinz Mentel, Günter Stahnke. s/w, KAG „Solidarität" *** Reiseziel Erfurt. Heinz Fischer. *** Königskinder. Frank Beyer. s/w, KAG „Roter Kreis" *** Mord ohne Sühne. Carl Ballhaus. s/w, KAG „Solidarität" *** Das verhexte Fischerdorf. Siegfried Hartmann. s/w, KAG „konkret" *** Revue um Mitternacht . Gottfried Kolditz. KAG „60" *** Die schwarze Galeere. Martin Hellberg. s/w, KAG „Solidarität" *** Rotkäppchen. Götz Friedrich. KAG „Berlin" *** Die Entdeckung des Julian Böll. Johannes Knittel. s/w, KAG „60" *** Die Jagd nach dem Stiefel. Konrad Petzold. KAG „konkret" *** … und deine Liebe auch. Frank Vogel. s/w, KAG „Heinrich Greif" *** Ach, du fröhliche … Günter Reisch. s/w, KAG „Roter Kreis" *** Menschen und Tiere / Люди и звери. Sergei Gerassimow. KAG „Roter Kreis"/Filmstudio Maxim Gorki, DDR/UdSSR *** Das zweite Gleis. Joachim Kunert. s/w, KAG „Berlin" *** Minna von Barnhelm oder Das Soldatenglück. Martin Hellberg. KAG „Solidarität" *** Der Kinnhaken. Heinz Thiel. s/w, KAGs „60" / „Heinrich Greif" ***

1963
An französischen Kaminen. Kurt Maetzig. s/w, KAG „Roter Kreis" *** Beschreibung eines Sommers. Ralf Kirsten. s/w, KAG „60" ***

Die Glatzkopfbande. Richard Groschopp. s/w, KAG „konkret" ***
Rüpel. Bärbl Bergmann. s/w, KAG „Heinrich Greif" *** Nebel.
Joachim Hasler. s/w, KAG „Heinrich Greif" *** Nackt unter Wölfen.
Frank Beyer. s/w, KAG „Roter Kreis" *** Geheimarchiv an der Elbe.
Kurt Jung-Alsen. s/w, KAG „Solidarität" *** Vom König Midas.
Günter Stahnke. KAG „Solidarität" *** Reserviert für den Tod. Heinz
Thiel. s/w, KAG „60" *** For Eyes Only. János Veiczi. s/w, KAG
„Solidarität" *** Der Dieb von San Marengo. Günter Reisch. *** Ge-
heimnis der 17. Rolf Losansky. s/w, KAG „konkret" *** Piraten auf
der Pferdeinsel. Michael Englberger. s/w, KAG „Heinrich Greif" ***
Sonntagsfahrer. Gerhard Klein. s/w, KAG „Berlin" *** Julia lebt.
Frank Vogel. s/w, KAG „Heinrich Greif" *** Daniel und der Welt-
meister. Ingrid Meyer. KAG „Berlin" *** Frau Holle. Gottfried Kol-
ditz. KAG „60" *** Jetzt und in der Stunde meines Todes. Konrad
Petzold. s/w, KAG „konkret" *** Verliebt und vorbestraft. Erwin
Stranka. s/w, KAG „60" *** Koffer mit Dynamit / Praha nultá hodi-
na. Miloš Makovec. s/w, KAG „Heinrich Greif"/Filmstudios Barrand-
ov, DDR/ČSSR *** Karbid und Sauerampfer. Frank Beyer. s/w, KAG
„Roter Kreis" *** Christine. Slatan Dudow. s/w, KAG „Berlin" ***

1964
Lütt Matten und die weiße Muschel. Herrmann Zschoche. s/w, KAG
„60" *** Schwarzer Samt. Heinz Thiel. s/w, KAG „Heinrich Greif"
*** Die Hochzeit von Länneken. Heiner Carow. s/w, KAG „Berlin"
*** Die Suche nach dem wunderbunten Vögelchen. Rolf Losansky.
KAG „konkret" *** Preludio 11. Kurt Maetzig. s/w, KAG „Roter
Kreis"/Instituto Cubano del Arte e Industrie Cinematograficos,
DDR/Kuba *** Viel Lärm um nichts. Martin Hellberg. *** Geliebte
weiße Maus. Gottfried Kolditz. KAG „60" *** Mir nach, Canaillen!
Ralf Kirsten. KAG „60" *** Alaskafüchse. Werner W. Wallroth.
KAG „Roter Kreis" *** Der geteilte Himmel. Konrad Wolf. s/w,
KAG „Heinrich Greif" *** Die goldene Gans. Siegfried Hartmann.
KAG „60" *** Das Lied vom Trompeter. Konrad Petzold. KAG
„konkret" *** Pension Boulanka. Helmut Krätzig. s/w, KAG „60"
*** Als Martin vierzehn war. Walter Beck. s/w, KAG „konkret" ***
Der fliegende Holländer. Joachim Herz. s/w ***

1965
Die Abenteuer des Werner Holt. Joachim Kunert. s/w, KAG „Roter
Kreis" *** Chronik eines Mordes. Joachim Hasler. s/w, KAG „Heinrich Greif" *** Der Reserveheld. Wolfgang Luderer. s/w, KAG „Berlin" *** Engel im Fegefeuer. Herrmann Zschoche. s/w, KAG „60"
*** Terra incognita. Hanns Anselm Perten. s/w *** Die antike Mün-
ze. Vladimir Jantschew. KAG „60" / Studio Sofia, DDR/Bulgarien

*** Entlassen auf Bewährung. Richard Groschopp. s/w, KAG „konkret" *** König Drosselbart. Walter Beck. *** Mörder auf Urlaub. Bosko Boskovic. KAG „Heinrich Greif"/Bosna-Film, DDR/Jugoslawien *** Eine schreckliche Frau / Strasná Žena. Jindřich Polák. KAG „Roter Kreis"/Studios Barrandov, DDR/ČSSR *** Lots Weib. Egon Günther. s/w, KAG „Roter Kreis" *** Tiefe Furchen. Lutz Köhlert. s/w, DEFA / Deutscher Fernsehfunk *** Solange Leben in mir ist. Günter Reisch. s/w, KAG „Roter Kreis" *** Die besten Jahre. Günther Rücker. s/w *** Nichts als Sünde. Hanuš Burger. s/w *** Ohne Pass in fremden Betten . Vladimír Brebera. s/w *** Der Frühling braucht Zeit. Günter Stahnke. s/w, KAG „Babelsberg" *** Das Kaninchen bin ich. Kurt Maetzig. s/w, KAG „Roter Kreis" *** Denk bloß nicht, ich heule. Frank Vogel. Zensur s/w, KAG „Heinrich Greif" *** Berlin um die Ecke. Gerhard Klein. s/w, KAG „Berlin" *** Wenn du groß bist, lieber Adam. Egon Günther. KAG „Roter Kreis" ***

1966
Hamida/ H'mida. Jean Michaud-Mailland. KAG „Babelsberg" / Satpec Tunis, DDR/Tunesien *** Die Söhne der großen Bärin. Josef Mach. KAG „Roter Kreis" *** Alfons Zitterbacke. Konrad Petzold. KAG „Berlin" *** Fräulein Schmetterling . Kurt Barthel. Zensur s/w, KAG „Heinrich Greif", Verbot 1966, Uraufführung als Montage am 16.6.2005 *** Reise ins Ehebett. Joachim Hasler. KAG „Johannisthal" *** Die Reise nach Sundevit. Heiner Carow. s/w *** Flucht ins Schweigen. Siegfried Hartmann. s/w, KAG „Babelsberg" *** Spur der Steine. Frank Beyer. s/w, KAG „Heinrich Greif" *** Schwarze Panther. Josef Mach. KAG „Roter Kreis" *** Lebende Ware. Wolfgang Luderer. s/w, KAG „Heinrich Greif" *** Der verlorene Engel. Ralf Kirsten. s/w *** Karla. Herrmann Zschoche. s/w *** Jahrgang 45. Jürgen Böttcher. s/w, KAG „Roter Kreis" ***

1967
Das Tal der sieben Monde. Gottfried Kolditz. s/w, KAG „Roter Kreis" *** Das Mädchen auf dem Brett. Kurt Maetzig. s/w, KAG „Roter Kreis" *** Ein Lord am Alexanderplatz. Günter Reisch. s/w, KAG „Johannisthal" *** Die gefrorenen Blitze. János Veiczi. s/w *** Kaule. Rainer Bär. s/w *** Hochzeitsnacht im Regen. Horst Seemann. KAG „Johannisthal" *** Der Revolver des Corporals. Rolf Losansky. s/w, KAG „Kinder- und Jugendfilm" *** Geschichten jener Nacht. F.Vogel, G. Klein, U. Thein, K. Carpentier. s/w, Episodenfilm in 4 Teilen *** Meine Freundin Sybille. Wolfgang Luderer. *** Chingachgook, die große Schlange. Richard Groschopp. *** Frau Venus und ihr Teufel. Ralf Kirsten. KAG „Babelsberg 67" *** Brot und Ro-

sen. Heinz Thiel. s/w, KAG „Roter Kreis" *** Die Fahne von Kriwoj Rog. Kurt Maetzig. s/w *** Turlis Abenteuer. Walter Beck. KAG „Kinder- und Jugendfilm" *** Der tapfere Schulschwänzer. Winfried Junge. ***

1968

Der Mord, der nie verjährt. Wolfgang Luderer. s/w *** Ich war neunzehn. Konrad Wolf. s/w, KAG „Babelsberg 67" *** Leben zu zweit. Herrmann Zschoche. s/w, KAG „Berlin" *** Heroin. Horst E. Brandt, Heinz Thiel. s/w, KAG „Roter Kreis" *** Wir lassen uns scheiden. Ingrid Reschke. s/w, KAG „Johannisthal" *** Die Nacht im Grenzwald. Kurt Barthel. s/w, KAG „Kinder- und Jugendfilm" *** Heißer Sommer. Joachim Hasler. *** Schüsse unterm Galgen. Horst Seemann. s/w *** Spur des Falken. Gottfried Kolditz. *** Mord am Montag. Hans Kratzert. s/w *** Abschied. Egon Günther. s/w *** Die Toten bleiben jung. Joachim Kunert. s/w *** Hauptmann Florian von der Mühle. Werner W. Wallroth. KAG „Berlin" *** 12 Uhr mittags kommt der Boss. Siegfried Hartmann. s/w *** Die Russen kommen. Heiner Carow. s/w ***

1969

Käuzchenkuhle. Walter Beck. s/w *** Wie heiratet man einen König? Rainer Simon. *** Das siebente Jahr. Frank Vogel. s/w, KAG „Berlin" *** Jungfer, Sie gefällt mir. Günter Reisch. KAG „Johannisthal" *** Mohr und die Raben von London. Helmut Dziuba. s/w, KAG „Berlin" *** Im Himmel ist doch Jahrmarkt. Rolf Losansky. *** Mit mir nicht, Madam! Roland Oehme, Lothar Warneke. G „Roter Kreis" *** Nebelnacht. Helmut Nitzschke. s/w *** Weiße Wölfe / Bijeli Vukovi. Konrad Petzold. DEFA „Roter Kreis"/Bosna-Film, DDR/Jugoslawien *** Seine Hoheit – Genosse Prinz. Werner W. Wallroth. *** Zeit zu leben. Horst Seemann. *** Verdacht auf einen Toten. Rainer Bär. s/w *** Der Weihnachtsmann heißt Willi. Ingrid Reschke. s/w, KAG „Jugend- und Kinderfilm" *** Weite Straßen – stille Liebe. Herrmann Zschoche. s/w ***

1970

Aus unserer Zeit. J.Kunert, K.Maetzig, H.Nitzschke, R. Simon. s/w, KAG „Roter Kreis", vier Teile *** He, Du! Rolf Römer. s/w, KAG „Roter Kreis" *** Im Spannungsfeld. Siegfried Kühn. s/w *** Unterwegs zu Lenin / На пути к Ленину. Günter Reisch. s/w, DEFA/Mosfilm, DDR/UdSSR *** Meine Stunde Null. Joachim Hasler. *** Hart am Wind. Heinz Thiel. KAG „Johannisthal" *** Tödlicher Irrtum. Konrad Petzold. *** Netzwerk. Ralf Kirsten. s/w *** Weil ich dich liebe… Helmut Brandis, Hans Kratzert. *** Dr. med.

Sommer II. Lothar Warneke. s/w *** Der rote Reiter. Walter Beck.
s/w *** Wir kaufen eine Feuerwehr. Hans Kratzert. KAG „Babelsberg" *** Signale – Ein Weltraumabenteuer / Sygnaly MMXX. Gottfried Kolditz. DEFA/Przedsiebiorstwo Realizacji Filmów Zespoly
Filmowe" Warszawa, DDR/Polen ***

1971
Kennen Sie Urban? Ingrid Reschke. s/w, KAG „Berlin" *** Verspiel-
te Heimat. Claus Dobberke. s/w *** Mein lieber Robinson. Roland
Gräf . KAG „Roter Kreis" *** Du und ich und Klein-Paris. Werner
W. Wallroth. *** KLK an PTX – Die Rote Kapelle. Horst E. Brandt.
*** Dornröschen. Walter Beck. s/w *** Karriere. Heiner Carow. s/w
*** Männer ohne Bart. Rainer Simon. *** Liebeserklärung an G. T.
Horst Seemann. *** Anflug Alpha 1. János Veiczi. KAG „Babels-
berg" *** Husaren in Berlin. Erwin Stranka. KAG „Roter Kreis" ***
Osceola. Konrad Petzold. KAG „Roter Kreis" *** Zeit der Störche.
Siegfried Kühn. *** Goya – oder der arge Weg der Erkenntnis. Kon-
rad Wolf. DEFA/Lenfilm, DDR/UdSSR *** Hut ab, wenn du küsst!
Rolf Losansky. KAG „Johannisthal" ***

1972
Trotz alledem! Günter Reisch. *** Der Mann, der nach der Oma kam.
Roland Oehme. *** Der Dritte. Egon Günther. KAG „Berlin" ***
Leichensache Zernik. Helmut Nitzschke. s/w *** Schwarzer Zwie-
back / Черные сухари. Herbert Rappaport. DEFA „Babels-
berg"/Lenfilm DDR/UdSSR *** Euch werd ich's zeigen. Rolf
Losansky. s/w *** Die gestohlene Schlacht / Ukradená bitva. Erwin
Stranka. KAG „Roter Kreis/Filmstudio Barrandov, DDR/ČSSR ***
Tecumseh. Hans Kratzert. *** Sechse kommen durch die Welt. Rai-
ner Simon. KAG „Babelsberg" *** Januskopf. Kurt Maetzig. ***
Lützower. Werner W. Wallroth. *** Amboss oder Hammer sein /
Наковалня или чук. B. Schmidt, I. Kyrilow, Ch. Christow. DEFA /
Spielfilmstudio Sofia /Mosfilm, DDR/Bulgarien/UdSSR *** Eolo-
mea. Herrmann Zschoche. *** Es ist eine alte Geschichte. Lothar
Warneke. s/w *** Reife Kirschen. Horst Seemann. *** Laut und leise
ist die Liebe. Helmut Dziuba. KAG „Roter Kreis"

1973
Copernicus / Kopernik. Czesław Petelski, Ewa Petelska. DEFA /
Filmgruppe „Iluzjon" Warschau, DDR/Polen *** Der kleine Kom-
mandeur . Siegfried Hartmann. *** Die Elixiere des Teufels / Elixíry
dábla. Ralf Kirsten. DEFA/Filmstudio Barrandov, DDR/ČSSR ***
Die Legende von Paul und Paula. Heiner Carow. *** Aus dem Leben

eines Taugenichts. Celino Bleiweiß. G „Berlin" *** Das zweite Leben des Friedrich Wilhelm Georg Platow. Siegfried Kühn. *** Nicht schummeln, Liebling! Joachim Hasler. *** Apachen. Gottfried Kolditz. HG „Roter Kreis" *** Die Squaw Tschapajews. Günter Meyer. *** Susanne und der Zauberring. Erwin Stranka. *** Die Hosen des Ritters von Bredow. Konrad Petzold. KAG „Johannisthal" *** Schüsse in Marienbad / Výstřely v Mariánských Lázních. Václav Gajer, Ivo Toman. DEFA „Berlin"/Filmstudios Barrandov, DDR/ČSSR *** Der Wüstenkönig von Brandenburg. Hans Kratzert. *** Unterm Birnbaum. Ralf Kirsten. G „Berlin" *** Die Taube auf dem Dach. Iris Gusner. s/w ***

1974
Wolz – Leben und Verklärung eines deutschen Anarchisten. Günter Reisch. *** Orpheus in der Unterwelt. Horst Bonnet. KAG „Johannisthal" *** Die Schlüssel. Egon Günther. KAG „Berlin" *** Leben mit Uwe. Lothar Warneke. *** Drei Hasel-nüsse für Aschenbrödel / Tři oříšky pro Popelku. Václav Vorlíček. DEFA „Berlin"/Filmstudio Barrandov, DDR/ČSSR *** Der nackte Mann auf dem Sportplatz. Konrad Wolf. HG „Babelsberg" *** Für die Liebe noch zu mager? Bernhard Stephan. *** Ulzana. Gottfried Kolditz. *** Wie füttert man einen Esel. Roland Oehme. *** Liebe mit 16. Herrmann Zschoche. KAG „Berlin" *** Hans Röckle und der Teufel. Hans Kratzert. *** Der Untergang der Emma. Helmut Dziuba. KAG „Berlin" *** Wahlverwandtschaften. Siegfried Kühn . KAG „Roter Kreis" *** ... verdammt, ich bin erwachsen. Rolf Losansky. *** Zum Beispiel Josef. Erwin Stranka. KAG „Roter Kreis" *** Johannes Kepler. Frank Vogel. KAG „Roter Kreis" *** Kit und Co. – Lockruf des Goldes. Konrad Petzold. KAG „Roter Kreis" *** Jakob der Lügner. Frank Beyer. DEFA/Fernsehfunk ***

1975
Looping. Kurt Tetzlaff. *** Aus meiner Kindheit. Bernhard Stephan. *** Suse, liebe Suse. Horst Seemann. *** Am Ende der Welt. Hans Kratzert. *** Zwischen Tag und Nacht. Horst E. Brandt. HG „Berlin" *** Till Eulenspiegel. Rainer Simon. G „Babelsberg" *** Lotte in Weimar. Egon Günther. G „Babelsberg" *** Blutsbrüder. Werner W. Wallroth. *** Abenteuer mit Blasius / Dobrodružství s Blasiem. Egon Schlegel. DEFA „Babelsberg"/Filmstudio Barrandov, DDR/ČSSR *** Ikarus. Heiner Carow. *** Blumen für den Mann im Mond. Rolf Losansky. KAG „Berlin" *** Mein blauer Vogel fliegt. Celino Bleiweiß. KAG „Berlin" *** Bankett für Achilles. Roland Gräf. KAG „Babelsberg" *** Eine Pyramide für mich. Ralf Kirsten. KAG „Babelsberg" ***

1976

Mann gegen Mann. Kurt Maetzig. *** Hostess. Rolf Römer. KAG „Johannisthal" *** Die Moral der Banditen. Erwin Stranka. *** Das blaue Licht. Iris Gusner. *** Das Licht auf dem Galgen. Helmut Nitzschke. KAG „Roter Kreis" *** Konzert für Bratpfanne und Orchester. Hannelore Unterberg. KAG „Berlin" *** Im Staub der Sterne. Gottfried Kolditz. *** Liebesfallen. Werner W. Wallroth. KAG „Berlin" *** Philipp, der Kleine. Herrmann Zschoche. KAG „Johannisthal" *** Soviel Lieder, soviel Worte. Julius Kun. KAG „Johannisthal"/Mosfilm, DDR/UdSSR *** Unser stiller Mann. Bernhard Stephan. KAG „Babelsberg" *** Die Leiden des jungen Werthers. Egon Günther. DEFA/Fernsehfunk *** Nelken in Aspik, Günter Reisch. *** Beethoven – Tage aus einem Leben. Horst Seemann. KAG „Babelsberg" *** Feuer unter Deck. Herrmann Zschoche.

1977

Der kleine Zauberer und die große Fünf. Erwin Stranka. KAG „Babelsberg" *** Mama, ich lebe / Мама, я жив. Konrad Wolf. DEFA/Sovinfilm, Lenfilm, DDR/UdSSR *** Die unverbesserliche Barbara. Lothar Warneke. *** Trini. Walter Beck. *** Die Insel der Silberreiher / Ostrov stříbrných volavek. Jaromil Jireš. KAG „Roter Kreis/Filmstudio Barrandov, DDR/ČSSR *** DEFA Disko 77. Werner W. Wallroth, Heinz Thiel. *** Ein Katzen-sprung. Claus Dobberke. *** Ottokar der Weltverbesserer. Hans Kratzert. KAG „Roter Kreis" *** Tambari. Ulrich Weiß. KAG „Berlin" *** Unterwegs nach Atlantis. Siegfried Kühn. *** Ein irrer Duft von frischem Heu. Roland Oehme. KAG „Berlin" *** Ein Schneemann für Afrika. Rolf Losansky. *** Die Flucht. Roland Gräf. KAG „Roter Kreis" *** Wer reißt denn gleich vor'm Teufel aus. Egon Schlegel. ***

1978

Eine Handvoll Hoffnung. Frank Vogel. *** Das Raubtier. Walter Beck. *** Einer muss die Leiche sein. Iris Gusner. KAG „Berlin" *** Brandstellen. Horst E. Brandt. *** Ich zwing dich zu leben. Ralf Kirsten. KAG „Babelsberg" *** Ich will euch sehen. János Veiczi. *** Jörg Ratgeb, Maler. Bernhard Stephan,. KAG „Berlin" *** Hiev up. Joachim Hasler. DEFA/Fernsehfunk*** Severino. Claus Dobberke. *** Rotschlipse. Helmut Dziuba. *** Ein Sonntagskind, das manchmal spinnt. Hans Kratzert. KAG „Roter Kreis" *** Der Übergang. Orlando Lübbert. KAG „Berlin" *** Anton der Zauberer. Günter Reisch. KAG „Johannisthal" *** Sieben Sommersprossen. Herrmann Zschoche. *** Das Versteck. Frank Beyer. *** Sabine Wulff. Erwin Stranka. KAG „Berlin" *** Achillesferse. Rolf Losansky.

1979

Addio, piccola mia. Lothar Warneke. KAG „Roter Kreis" *** Des Henkers Bruder. Walter Beck. KAG „Berlin" *** Ein Mädchen aus Schnee. Hannelore Unterberg. *** Zünd an, es kommt die Feuerwehr. Rainer Simon. KAG „Babelsberg" *** Nachtspiele. Werner Bergmann. KAG „Berlin" *** P.S. Roland Gräf. KAG „Roter Kreis" *** Für Mord kein Beweis. Konrad Petzold. KAG „Johannisthal" *** Bis dass der Tod euch scheidet. Heiner Carow. *** Ein April hat 30 Tage. Gunther Scholz. *** Einfach Blumen aufs Dach. Roland Oehme. *** Das Pferde-mädchen. Egon Schlegel. KAG „Johannisthal" *** Schneeweißchen und Rosenrot. Siegfried Hartmann. *** Das Ding im Schloss. Gottfried Kolditz. *** Schatzsucher. Bernhard Stephan. *** Lachtauben weinen nicht. Ralf Kirsten. *** Der Katzenprinz / Kočičí princ. Ota Koval. KAG „Roter Kreis"/Filmstudio Barrandov, DDR/ČSSR *** Chiffriert an Chef – Ausfall Nr. 5. Helmut Dziuba. *** Blauvogel. Ulrich Weiß. ***

1980

Solo Sunny. Konrad Wolf. HG „Babelsberg" *** Seitensprung. Evelyn Schmidt. *** Glück im Hinterhaus. Herrmann Zschoche. *** Nicki. Gunther Scholz. *** Komödianten-Emil. Joachim Hasler. KAG „Berlin" *** Die Schmuggler von Rajgrod. Konrad Petzold. HG „Roter Kreis" *** Alle meine Mädchen. Iris Gusner. HG „Berlin" *** Der Baulöwe. Georgi Kissimov. *** Und nächstes Jahr am Balaton. Herrmann Zschoche. *** Ernste Spiele / Veszélyes játékok. Tamás Fejér . DEFA/Mafilm, DDR/Ungarn *** Don Juan, Karl-Liebknecht-Str. 78. Siegfried Kühn. *** Die Verlobte. Günter Reisch. DEFA / Fernsehfunk *** Dach überm Kopf. Ulrich Thein. KAG „Johannisthal" *** Levins Mühle. Horst Seemann. *** Max und siebeneinhalb Jungen. Egon Schlegel. *** Gevatter Tod. Wolfgang Hübner. ***

1981

Unser kurzes Leben. Lothar Warneke. KAG „Roter Kreis" *** Der Spiegel des großen Magus. Dieter Scharfenberg. *** Die Stunde der Töchter. Erwin Stranka. KAG „Berlin" *** Pugowitza. Jürgen Brauer. *** Als Unku Edes Freundin war. Helmut Dziuba. KAG „Berlin" *** Zwei Zeilen, kleingedruckt / Две строчки мелким шрифтом. Witali Melnikow. DEFA „Babelsberg"/Lenfilm, DDR/UdSSR *** Asta, mein Engelchen. Roland Oehme. KAG „Roter Kreis" *** Wie wär's mit uns beiden. Helge Trimpert. *** Sing, Cowboy, sing. Dean Reed. KAG „Johannisthal" *** Platz oder Sieg? Claus Dobberke. *** Mein Vater Alfons. Hans Kratzert. *** Die Kolonie. Horst E. Brandt. *** Bürgschaft für ein Jahr. Herrmann Zschoche. *** Darf ich Petruschka zu dir sagen? Karl-Heinz Heymann. KAG „Roter Kreis" *** Peters

Jugend / Юность Петра. Sergei Gerassimow. DEFA/Gorki-Studio, DDR/UdSSR *** Wäre die Erde nicht rund. Iris Gusner. KAG „Berlin" *** Der Dicke und ich. Karl Heinz Lotz. *** Jadup und Boel. Rainer Simon. KAG „Babelsberg" ***

1982
Romanze mit Amélie. Ulrich Thein. KAG „Babelsberg" *** Die Beunruhigung. Lothar Warneke. s/w *** Die Gerechten von Kummerow. Wolfgang Luderer. KAG „Johannisthal" *** Die dicke Tilla. Werner Bergmann. *** Märkische Forschungen. Roland Gräf. *** Dein unbekannter Bruder. Ulrich Weiß. KAG „Roter Kreis" *** Familienbande. Horst E. Brandt. *** Der lange Ritt zur Schule. Rolf Losansky. *** Das Fahrrad. Evelyn Schmidt. *** Sabine Kleist, 7 Jahre... Helmut Dziuba. KAG „Berlin" *** Sonjas Rapport. Bernhard Stephan. *** Die Mahnung / Предупреждение. Juan Antonio Bardem. DEFA/Kinostudio Bojanna/Kinostudio A. Dowschenko, DDR/Bulgarien/UdSSR *** Alexander der Kleine / Александр Маленький. Wladimir Fokin. G „Berlin"/Zentrales Filmstudio Kinder- und Jugendfilme „Maxim Gorki", DDR/UdSSR *** Der Prinz hinter den sieben Meeren. Walter Beck. HG „Johannisthal"

1983
Der Aufenthalt. Frank Beyer. HG „Babelsberg" *** Die Schüsse der Arche Noah. Egon Schlegel. HG „Babelsberg" *** Schwierig sich zu verloben. Karl-Heinz Heymann. HG „Roter Kreis" *** Das Luftschiff. Rainer Simon. KAG „Johannisthal" *** Verzeihung, sehen Sie Fußball? Gunther Scholz. *** Insel der Schwäne. Herrmann Zschoche. *** Der Scout. Konrad Petzold. KAG Johannisthal"/Mongolkino, DDR/Mongolei *** Automärchen. Erwin Stranka. KAG „Berlin" *** Taubenjule. Hans Kratzert. *** Mein Vater ist ein Dieb. Dietmar Hochmuth. *** Fariaho. Roland Gräf. KAG „Babelsberg" *** Einer vom Rummel. Lothar Großmann. *** Zille und ick. Werner W. Wallroth. HG „Johannisthal" *** Frühlingssinfonie. Peter Schamoni. 8. April 1983 (BRD), November 1983 (DDR). Allianz-Filmproduktion Berlin, Peter Schamoni Filmproduktion Berlin/DEFA, BRD/DDR *** Olle Henry. Ulrich Weiß. KAG „Johannisthal" *** Moritz in der Litfaßsäule. Rolf Losansky.

1984
Ärztinnen. Horst Seemann. KAG „Babelsberg" *** Weiberwirtschaft. Peter Kahane. DEFA/Fernsehfunk *** Kaskade rückwärts. Iris Gusner. KAG „Babelsberg" *** Bockshorn. Frank Beyer. KAG „Babelsberg" *** Das Eismeer ruft. Jörg Foth. G „Babelsberg" *** Der Mann mit dem Ring im Ohr. Joachim Hasler. *** Romeo und Julia auf dem

Dorfe. Siegfried Kühn. *** Die vertauschte Königin. Dieter Scharfen-
berg. KAG „Johannisthal" *** Erscheinen Pflicht. Helmut Dziuba.
*** Isabel auf der Treppe. Hannelore Unterberg. *** Eine sonderbare
Liebe. Lothar Warneke. G „Babelsberg" *** Wo andere schweigen.
Ralf Kirsten. *** Anna Pawlowa – Ein Leben für den Tanz. Eugen
Doga. Mosfilm, DEFA, ICAIC (Havanna), COSMOS Films, Poseidon
Films *** Biberspur. Walter Beck. *** Auf dem Sprung. Evelyn
Schmidt. *** Der Lude. Horst E. Brandt. KAG „Berlin" ***

1985
Die Frau und der Fremde. Rainer Simon. *** Unternehmen Geigen-
kasten. Gunter Friedrich. KAG „Johannisthal" *** Meine Frau Inge
und meine Frau Schmidt. Roland Oehme. *** Gritta von Rattenzu-
hausbeiuns. Jürgen Brauer. *** Ab heute erwachsen. Gunther Scholz.
KAG „Berlin" *** Hälfte des Lebens. Herrmann Zschoche. *** Der
Sieg (2 Teile) / Победа. Jewgeni Matwejew. KAG „Roter Kreis" /
Mosfilm / Vierte künstlerische Vereinigung, DDR/UdSSR *** Ete
und Ali. Peter Kahane. KAG „Johannisthal" *** Weiße Wolke Caro-
lin. Rolf Losansky. KAG „Babelsberg" *** Der Doppelgänger. Werner W. Wallroth. KAG „Berlin" *** Atkins. Helge Trimpert. *** Der
Haifischfütterer. Erwin Stranka. *** Besuch bei Van Gogh – Ein uto-
pischer Film. Horst Seemann. *** Junge Leute in der Stadt. Karl
Heinz Lotz. KAG „Berlin" *** Die Gänse von Bützow. Frank Vogel.

1986
Das Haus am Fluss. Roland Gräf. KAG „Roter Kreis" *** Der Bären-
häuter . Walter Beck. *** Startfieber. Konrad Petzold. KAG „Johan-
nisthal" *** Drost. Claus Dobberke. *** Der Hut des Brigadiers.
Horst E. Brandt. *** Jan auf der Zille. Helmut Dziuba. KAG „Berlin"
*** Blonder Tango. Lothar Warneke. *** Rabenvater. Karl-Heinz
Heymann. KAG „Babelsberg" *** Hilde, das Dienstmädchen. Jürgen
Brauer, Günther Rücker. KAG „Berlin" *** Je t'aime, Chérie. Roland
Oehme. *** Der Junge mit dem großen schwarzen Hund. Hannelore
Unterberg. KAG „Johannisthal" *** Eine zauberhafte Erbschaft /
Čarovné dědictví Zdeněk Zelenka, Michael Kann. KAG „Johannist-
hal"/Filmstudio Barrandov, DDR/ČSSR *** So viele Träume. Heiner
Carow. *** Fahrschule. Bernhard Stephan. KAG „Berlin" *** Der
Traum vom Elch. Siegfried Kühn. ***

1987
Wie die Alten sungen… Günter Reisch. KAG „Johannisthal" *** Das
Schulgespenst. Rolf Losansky. KAG „Roter Kreis" *** Der Schwur
von Rabenhorst. Hans Kratzert. *** Stielke, Heinz, fünfzehn… Mi-

chael Kann. KAG „Johannisthal" *** Johann Strauß – Der ungekrönte
König / Johann Strauß – Der König ohne Krone. Franz Antel. DEFA /
Johann-Strauß-Film, DDR/Österreich *** Vernehmung der Zeugen.
Gunther Scholz. KAG „Roter Kreis" *** Käthe Kollwitz – Bilder ei-
nes Lebens. Ralf Kirsten. KAG „Babelsberg" *** Wengler & Söhne
– Eine Legende. Rainer Simon. *** Die Alleinseglerin. Herrmann
Zschoche. *** …und ich dachte, du magst mich. Hannelore Unter-
berg. KAG „Johannisthal" *** Kindheit. Siegfried Kühn. KAG „Ba-
belsberg" *** Liane. Erwin Stranka. *** Vorspiel. Peter Kahane.
KAG „Roter Kreis" *** Hasenherz. Gunter Friedrich. KAG „Johannisthal" ***

1988
Die Geschichte von der Gänseprinzessin und ihrem treuen Pferd Fa-
lada. / Die Gänseprinzessin. Konrad Petzold. KAG „Johannisthal" ***
Einer trage des anderen Last … Lothar Warneke. *** Schwein gehabt.
Karl-Heinz Heymann. KAG „Berlin" *** Mit Leib und Seele. Bern-
hard Stephan. KAG „Babelsberg" *** Das Herz des Piraten. Jürgen
Brauer. KAG „Johannisthal" *** Dschungelzeit / Ngon Tháp Hà Noi.
Jörg Foth, Tran Vu. DEFA/Spielfilmstudio Vietnam, DDR/Vietnam
*** Fallada – Letztes Kapitel. Roland Gräf. KAG „Roter Kreis" ***
Die Entfernung zwischen dir und mir und ihr. Michael Kann. KAG
„Johannisthal" *** Ich liebe dich – April! April! Iris Gusner. KAG
„Babelsberg" *** Froschkönig. Walter Beck. *** Die Schauspielerin.
Siegfried Kühn. KAG „Babelsberg" *** Felix und der Wolf. Evelyn
Schmidt. KAG „Babelsberg" *** Mensch, mein Papa…! Ulrich
Thein. *** Der Eisenhans. Karl Heinz Lotz. KAG „Berlin" *** In ei-
nem Atem. Dietmar Hochmuth. KAG „Babelsberg" ***

1989
Der Bruch. Frank Beyer. KAG „Babelsberg" *** Zum Teufel mit
Harbolla. Bodo Fürneisen. *** Pestalozzis Berg. Peter von Gunten.
DEFA/ZDF/SRG/DRS/Cinov-Film, DDR / BRD / Schweiz ***
Treffen in Travers. Michael Gwisdek. KAG „Babelsberg" *** Wir
bleiben treu. Andrej Mal'jukov, Dietmar Hochmuth. DEFA/Zespoł
Polskich Producentow Filmowych / Armeefilmstudio/Filmstudio Bar-
randov/Mafilm /Mosfilm, DDR / Polen / Bulgarien / ČSSR / Ungarn /
UdSSR *** Grüne Hochzeit. Herrmann Zschoche. KAG „Johannist-
hal" *** Die Beteiligten. Horst E. Brandt. G „Berlin" *** Verflixtes
Missgeschick! Hannelore Unterberg. G „Berlin" *** Die Besteigung
des Chimborazo. Rainer Simon. DEFA/TORO-Film GmbH/ZDF,
DDR/BRD *** Zwei schräge Vögel. Erwin Stranka. *** Ein brauch-
barer Mann. Hans-Werner Honert. *** Coming Out. Heiner Carow. G

"Babelsberg" *** Der Magdalenenbaum – Geschichte eines Bildes. Rainer Behrend. ***

1990
Rückwärtslaufen kann ich auch. Karl Heinz Lotz. *** Lasst mich doch eine Taube sein. Miomir Stamenković. DEFA/Sutjeska-Film/SFR, DDR/Jugoslawien *** Rückkehr aus der Wüste. Bernhard Stephan. KAG „Berlin"/ENPA Algerie, DDR/Algerien *** Abschiedsdisco. Rolf Losansky. KAG „Berlin" *** Der Drache Daniel. Hans Kratzert. *** Verbotene Liebe. Helmut Dziuba. KAG „Berlin" *** Über die Grenzen. Rainer Ackermann. KAG „Berlin" *** Die Architekten. Peter Kahane. KAG „Babelsberg" *** Sehnsucht. Jürgen Brauer. KAG „Johannisthal" *** Motivsuche. Dietmar Hochmuth. KAG „Johannisthal" *** Der Streit um des Esels Schatten. Walter Beck. *** Biologie! Jörg Foth. KAG „Babelsberg" *** Erster Verlust. Maxim Dessau. KAG „Johannisthal" *** Letztes aus der Da Da eR. Jörg Foth. KAG „DaDaeR" ***

1991
Das Mädchen aus dem Fahrstuhl . Herrmann Zschoche. KAG „Roter Kreis" *** Heute sterben immer nur die Andern. Siegfried Kühn. *** Versteckte Fallen. Rainer Behrend. Voraufführungen am 9. November 1990 *** Der Strass. Andreas Höntsch. KAG „Berlin" *** Olle Hexe. Günter Meyer. KAG „Johannisthal" *** Der Tangospieler. Roland Gräf. KAG „Johannisthal"/CSM Film AG/WDR, DDR/Schweiz/BRD *** Das Licht der Liebe. Gunther Scholz. *** Tanz auf der Kippe. Jürgen Brauer. *** Der Fall Ö. Rainer Simon. DEFA/TORO-Film GmbH/ZDF *** Die Sprungdeckeluhr. Gunter Friedrich. *** Der Hut. Evelyn Schmidt. *** Farßmann oder Zu Fuß in die Sackgasse. Roland Oehme. KAG „Babelsberg" *** Stein. Egon Günther. KAG „Roter Kreis"/Tellux-Film GmbH *** Der Verdacht. Frank Beyer. WDR/DEFA-Studio Babelsberg GmbH/ KAG „Berlin" *** Trillertrine. Karl Heinz Lotz. DEFA/Regina Ziegler Filmproduktion *** Zwischen Pankow und Zehlendorf . Horst Seemann. WDR/Allianz Film Produktion GmbH/DEFA-Studio Babelsberg GmbH/ZDF ***

1992
Banale Tage. Peter Welz. KAG „DaDaeR" *** Elefant im Krankenhaus. Karola Hattop. DEFA / DFF *** Verfehlung. Heiner Carow. DEFA-Studio Babelsberg GmbH/Von Vietinghoff Filmproduktion GmbH *** Das Land hinter dem Regenbogen. Herwig Kipping. KAG „DaDaeR" *** Jana und Jan. Helmut Dziuba. DEFA / ZDF *** Die Spur des Bernsteinzimmers. Roland Gräf. DEFA/WDR *** Die Tige-

rin. Karin Howard. DEFA/CineVox Filmproduktion GmbH/Dieter Geissler Filmproduktion GmbH *** Deutschfieber. Niklaus Schilling. Peter Goedel Filmproduktion/DEFA-Studio Babelsberg GmbH / Visual Filmproduktion Elke Haltaufderheide *** Herzsprung. Helke Misselwitz. DEFA/ZDF/Thomas Wilkening Filmgesellschaft mbH *** Miraculi. Ulrich Weiß. CNS Filmproduktion C.M.S. GmbH /DEFA-Studio für Spielfilme ***

1993
Die Lügnerin. Siegfried Kühn. *** Anna annA. Jürgen Brauer, Greti Kläy. Fama-Film AG/Rhewes Filmproduktion GmbH & Co. KG / DEFA, BRD/Schweiz/Luxemburg *** Zirri – Das Wolkenschaf. Rolf Losansky. ***

1995
Novalis – Die blaue Blume. Herwig Kipping. DEFA/Thomas Wilkening Filmgesellschaft ***

Bei BoD sind von der Autorin erschienen:

„Schön ist es hier! Roman", 2013.

Das ist Deutschland! Eine Landeskunde für alle, 2016.

Kunst für alle! Hitlers ästhetische Diktatur, ³2018.

Total angesagt. Essays zur Kulturgeschichte, 2018.

„So gut kennen wir uns auch nicht. Dreizehn Erzählungen", 2018.

„Fortuna lächelt spröde. Neue Gebrauchslyrik", 2018.

Demnächst erscheint Band 2 der Reihe

kinozeit

Karin Hartewig: Sperrsitz oder Parkett? Notizen zur Filmkunst und zum Genre kunst + film.